健全なる冒険

――勝算を見極めて果敢に挑む

株式会社ベルーナ 代表取締役社長
安野 清

ダイヤモンド社

健全なる冒険

――勝算を見極めて果敢に挑む

はじめに

商売人として歩き始めた人生もすでに半世紀を迎えました。このあたりで自分の半生を振り返り、新たな飛躍へのきっかけとするのも悪くないのではないかと考えて筆をとりました。50年という区切りを過ぎ、ようやく機が熟したということなのでしょう。

私は、埼玉県上尾市に本社を置く「株式会社ベルーナ」という通信販売を主要事業とする会社を経営しています。前身である会社を創業したのが1968年。以来、「お客様の衣食住遊を豊かにする」という経営理念のもと、「顧客指向・顧客密着」を合言葉に、通信販売を中心とした多様なサービスを展開してきました。主力事業の総合通販にて扱う商品は、アパレル（衣料品）を中心に、非衣料品（バッグ、靴、ジュエリー）、家具、雑貨、インテリアなどです。

日本の通販業界は1980年代以降、女性の社会進出の拡大などに伴って大きく発展しました。ベルーナはそうした時代の後押しも得て急成長を遂げることができました。

しかし近年、通販業界ではカタログ通販からインターネット通販へという流れが加速するとともに、アパレルにおいてはマーケット自体が縮小傾向にあります。そんな中、ベルーナは総合通販分野でなお第一線を走り続けています。

現在のベルーナの成長の原動力は、通信販売で培った経営資源を有効活用し、多角的に事業を展開することで安定的な成長性・収益性を実現する「ポートフォリオ経営」というビジネスモデルにあります。

少し説明が必要ですが、私たちのビジネスモデルは一般にいうポートフォリオ経営とはやや考え方を異にしています。いわゆるポートフォリオ経営というのは、簡単に言うと、将来性(市場成長率)と収益性(市場におけるシェア)の観点で事業を分析し、経営資源分配の優先順位を決めるという手法です。

一方、ベルーナの進めるポートフォリオ経営とは、ひと言で言うと収益の柱を複数つくるということです。そして、それぞれの事業が独立した部門として太く強い幹となり、会社の成長性・収益性にしっかりと貢献する「通販総合商社」といった形を目指しています。

中小企業の連合体のようなもので、各事業部の独立性が強い。「連邦制」をイメージするとわかりやすいかもしれません。

現在ベルーナでは、総合通販事業、専門通販事業、店舗販売事業、プロパティ事業を「主力4事業」と位置づけたポートフォリオ経営の成熟を目指しています。各事業をさらに詳しく説明すると、データベースマーケティングによる専門通販事業（化粧品、健康食品、グルメ、ワイン、看護師向け用品、海外輸入雑貨品）、店舗販売事業（アパレル店舗、和装店舗）、プロパティ事業（不動産・ホテル事業）、ソリューション事業（通販関連受託事業、広告販売事業、卸事業）、ファイナンス事業（消費者金融事業）などです。

お客様や取引先様、株主様、従業員など多くのステークホルダーの皆様のおかげで、各事業とも順調な成長を遂げており、2018年3月期は売上高1616・7億円、営業利益130・1億円を達成しました。

とはいえ、私は事業家としてこれまで必ずしも順風満帆の人生を歩んできたわけではありません。思い起こせば、いろいろな曲折がありました。それでも、これだけ長年にわたって事業が継続しているのはありがたいことだと思っています。

事業というのは難しいものです。商売への情熱に燃えてともにスタートした仲間の多くが途中で消えていってしまいました。事業が継続しないのです。志を持っても、5年10年はおろか2〜3年すら続きません。束の間燃える「紅」ではあっても、長く輝く「緑」にはならないのです。

事業がうまくいくかどうか？　そこにたしかな答えはありません。しかし、成功に近づくための確率を高める方法はあります。さまざまな新規事業を立ち上げてきた経験から、そう確信するようになりました。

私は英語を話せませんし、パソコンもインターネットも満足に使いこなせないアナログ人間です。それでも、仕事を楽しみ、人を大切にし、自分なりのやり方を見出せば、必ず成功への突破口は開けます。

本書では、私の商売人としての考え方を多くのステークホルダーの皆様に知っていただくとともに、「こうすれば事業はうまくいく！」という商売のノウハウをお伝えしたいと思います。

目次

第2章　ベルーナの成長とビジネスモデル……37

第3章　経営者としてのモットーと経営手法

第4章　企業の進歩は人材の成長とリンクする …… 109

第1章

個人創業で商売のタネを事業化する基本を学ぶ

■本田技研でサラリーマンを経験

些細な偶然がその人の進む航路を決定づけるようなことが、人生にはときどきあるものです。いま振り返ると、商売人の道を歩み始め、やがて多くの事業を手がけることになった私の人生にも、そんないくつかの小さな偶然が働いたような気がします。

1944年、私は埼玉県上尾市で生まれました。

6歳の頃、同じ市内の畑の中の一軒家に引っ越しました。そこは当初、電気も水道も下水もありませんでした。ランプで生活し、水は井戸を掘り、排水は自然地下浸透式です。

自宅には広い庭があり、大きな桃の木や柿の木があり、秋には収穫した柿を腹いっぱい食べた記憶があります。当時は冷蔵庫もなく、スイカは井戸に吊るして冷やしていました。お風呂は井戸の水を汲み上げ、薪で沸かして入りました。

庭ではウサギやニワトリも飼っていました。庭に父親と池をつくり、釣ってきた魚を池に放しては喜んでいました。

中学時代の筆者。この頃は事業家志向はなかった

家の生計は畑で農作物をつくって立てていました。私も麦踏みを手伝った思い出があります。

母親は几帳面で働き者でした。いまも母親のイメージは「よく働く女」というものです。そんな母には深く感謝しています。

地元の小学校、中学校を卒業した私は職業訓練所の自動車整備科に入りました。競争率が4～5倍となかなかの狭き門だったと記憶しています。車の知識は全くありませんでしたが、勉強すると興味が湧いてきました。

職業訓練所を卒業すると、株式会社

本田技研工業に就職することになりました。1961年のことです。

この頃、本田技研はまだ従業員が5000人以下の企業で、四輪車の生産はまだ始めたばかり。主力製品はオートバイでした。有名なイギリス・マン島でのオートバイレース世界選手権125ccクラスで優勝し、大きな話題になりました。

本田技研では、組立、品質管理、工務、車の修理などいくつかの仕事を経験しました。品質管理部門にいたときは、世界的に活躍したオートバイレーサーの隅谷守男さんと一緒に仕事をしました。ピストンなどエンジン部品のチェックをするために荒川沿いにあるテストコース（現・埼玉県和光市）によく通った思い出があります。

いちばん長く従事した仕事はスポーツカー（S600、S800）のエンジンの修理です。最もきつかったのは鋳造です。オートバイのエンジンの砂型・金型をつくる仕事です。鋳型の温度は240度、温度計を見上げると60度にも達しています。真夏でも外に出れば涼しく感じるほどです。しかも、騒音、粉塵、振動、臭気の中での作業です。太っている人は誰もいません。

おかげで、それ以降、どんな職場へ行ってもどんな環境でも驚くことはありません。きつい仕事をやらせてもらって、並外れた耐久力がついたのでしょう。

当時の本田技研は花形企業でした。友人からも「いい会社に入ったな」と羨ましがられたものです。

しかしこの頃、私は、自分は会社勤めにはあまり向いていないなと感じていたのです。周囲の友人には、「お前は営業向きだ」とか「商売に向いている」と言われていました。かといって、現実に事業家を目指していたわけでもありません。ただ、漠然と「このまま会社にいても出世できそうにないし、たった一度の人生、何か面白いことをやりたいな」というふつふつとした思いを抱えていました。

ただ、いま思い返すと「事業家」への潜在的な憧れがあったような気もするのです。

本田技研に入社した10代の後半から、ジャンルを問わずいろいろな本を読んでいました。池袋にある大型書店に月に2回は行って、いつも2～3冊の本を買い込んでは家で読みふけっていました。

そんな本の中で私の人生を変えたものがいくつかありました。アメリカのアンドリュー・カーネギーやナポレオン・ヒルなどのサクセスストーリーの本です。とくに感銘を受けたのがベン・スイートランドの書いた『ねてる間に金をもうけよう』という本でした。

——寝ている間に金が儲かるのか!?

強く興味をひかれた私は、その本をボロボロになるまで30回も40回も繰り返し読みました。そして、成功するためにはポジティブ思考と暗示、潜在意識の活用が大事だということを学んだのです。やがて、こうしたサクセスストーリーに触発され、「独立」という2文字が頭の中で少しずつふくらんでいきました。自分にも何かができるのではないかと思うようになったのです。

そして、6年間勤めた本田技研を退職しました。

■印鑑の訪問販売が「商売人」への第一歩だった

「せっかく良い会社に入ったのになんで辞めるんだ!」

父親にはさんざん怒鳴られたものです。

とくに退職後の当てがあって辞めたわけではありません。本に触発されて事業に興味を抱き、会社を辞めたのはいいものの、人脈も学歴もない20代前半の若造が簡単に起業できるほど社会は甘くありませんでした。

しばらくは、地下足袋を履いて、植木屋のアルバイトで食いつなぐ日々が続きました。建売住宅の境界を丸太と竹で編んでつくる植木職人です。ところが、あるとき丸太を手で押さえていたときに手にハンマーが当たり、手が使えなくなってしまったのです。それで植木屋のアルバイトもできなくなってしまいました。お先真っ暗です。

そんなある日のこと――。

母親の妹の家へ遊びに行くと、テーブルの上に30×20センチほどの四角いケースが置かれているのに気づきました。ハンコ(印鑑)のサンプルケースでした。中身は象牙や黒水牛、水晶、めのう、虎目石などの印材です。

「これ、どうするの?」と聞くと、叔母の夫は「売るんだよ」と。たまたま、叔父が印鑑の訪問販売の仕事を自営で始めようとしていた矢先でした。しかも、3万円の資金とアタッシェケース一つあればできる商売だというのです。

「このビジネスは大儲けできる」という叔父の言葉に、かつて読んだ〈ねてる間に金をもうけよう〉というサクセスストーリーの一節が頭をよぎりました。

――これならできるかもしれない。自分の力を試してみよう。

そう決意しました。

こうして3万円で印鑑のサンプルを手に入れ、印鑑の本場は山梨ですから「山梨産美堂」と屋号を名乗り、個人事業主として一歩を踏み出しました。当時は名刺も持たず行商スタイルです。1968年9月。私は23歳でした。

しかし、サラリーマン時代にもセールスの経験など全くありません。営業のノウハウや印鑑の知識などは本を購入して独学で勉強しました。印鑑を売るための営業について、アプローチ、デモンストレーション、クロージングと自分なりに話を組み立てました。

師匠も先輩もいません。自分自身で話をつくって実践です。最初は大宮市にある大宮公園に行って、ぶらぶらしている人を相手にセールストークの練習をしました。暇なので話を聞いてくれます。

そして、いよいよデビューの日。なんと、象牙5本、黒水牛2本の印鑑の注文が取れたのです。大きな自信になりました。これが私の商売人としての第一歩でした。

1960年代後半から70年代にかけて、印鑑の訪問販売は全盛期でした。利益率は60%。まさに「儲かる仕事」だったのです。

独立して1か月で20万円を売り上げ、12万円の利益を手にしました。

――これはいいな。

この商売に私は味をしめました。

なにしろ当時は、サラリーマンの月給が3万円という時代でしたから。

■頒布会形式で陶器の「訪問販売」に乗り出す

印鑑の訪問販売の仕事は、主に企業の昼休みを利用した職域販売でした。ですから、時間が余ります。昼間、売れずに空振りだったときは、夜間に独身寮などに行って営業活動をしていました。

――この空いている時間をなんとか利用できないものか？

そんなふうに思案していた矢先、再び叔父が格好の商売話を持ち込んできました。

頒布会形式で陶器を売る商売です。

頒布会というのは、もともと京都の陶器店「たち吉」が考案したもので、結婚支度のための食器などのセット商品を一度に買うのは金銭的に難しいという層に、毎月会費を振り込むことで1年間に12品の商品が届けられるというシステムです。60年代半ばから70年代にかけて大流行しました。

本来、頒布会の仕事は新聞の折込広告で注文を取る通信販売ですが、それを訪問販売でやろうというのが叔父の提案でした。面白そうだと思ったのでこれを始めることにしたのです。

実際の仕事は1軒1軒、個別訪問をしての営業活動です。ドアノックで家庭を訪ね歩き、1日に2~3件、多いときで7~8件の契約をいただき、オーダーを積み上げていきます。

この陶器の販売は当初、叔父の知人も加わって3人で行っていましたが、経営は別々でした。各人が200件前後開拓した頃、叔父とその知人がギブアップしました。

顧客は私がすべて引き継ぐことになりました。それで、一気に500~600件前後のお客様を抱えての頒布会商売となりました。

当初、陶器の仕入れは東京・駒込と埼玉・熊谷の陶器店で行っていましたが、原価率が70～80％です。これでは利益が上がりません。そこで、陶器の産地である岐阜県の東濃地区へ自ら出向き、全国の頒布会業者に陶器を卸しているメーカーを開拓しました。そのときに考えた社名が「友華堂」です。

このメーカーの大口取引先に、茨城県取手市の陶明堂という会社がありました。私は1軒1軒お宅を回って訪問販売で顧客を開拓していたわけですが、陶明堂は一度に100万部のチラシを撒いてお客様を募集しているというのです。そのスケールの大きさに度肝を抜かれました。

産地の業者が開拓できたことで原価率は50％へと大幅に下がりました。そこで私は訪問販売とチラシを使っての営業を併用しました。チラシといっても2万～3万部程度です。

車にたくさんのチラシを積んで、新聞販売店に直接出向いて折込をお願いしました。おかげで、当時乗っていた私の車はチラシの重さでスプリングが伸び、車高が下がったままでした。

その後、商品を充実させるために陶器だけではなく、洋食器メーカーやガラスメーカーなども開拓して、広く食器などを扱うことになりました。扱っていた商品は、陶器、ガラス器、ステンレス製鍋類、調理器具、趣味用品、軽衣料(ハンカチ、エプロン、ワンマイルウェア)などです。

こうして私は、一人前の頒布会業者になっていきます。

当時、頒布会業界は隆盛を極めていました。趣味の百撰会グループ、全国趣味連合会(全趣連)、趣味の会をグループ化した各地の趣味の会、大阪の大手頒布会業者のフラワーグループなど、5系統くらいの全国グループと独立系が各地に入り乱れ、業者が乱立していました。頒布会業界のいちばん良かった時代でしょう。

■頒布会系通販業界の栄枯盛衰

結果的に言うと、このときの頒布会の商売はあまりうまくはいきませんでした。陶器などの頒布会系通販は広告宣伝費ばかりがかさんで採算をとりにくいのです。

この頃、友華堂の頒布会事業の拠点は上尾を中心に、宇都宮、高崎にも支店を広げました。ターニングポイントは札幌支店を出したときです。北海道のマーケットが良いとの情報があり、札幌にも拠点をつくることにしたのです。

当時、新聞折込広告でのレスポンス率は0・2%が標準でした。それが北海道では3～4倍効率が良い0・7～1%のレスポンスがありました。なぜ北海道の人はこれほど陶器・ガラス器を買うのか不思議でした。

当時は宅配便はなく、お客様へのお届けは郵便小包を使うか、自社で配達するしかありません。ですから、東京や大阪の業者が北海道で営業するのは不可能でした。

あまりのレスポンスの良さに強気になり、私はさらに函館、旭川、釧路と拠点を広げ、北海道だけで4拠点となりました。この頃が当時の会社の全盛時代でした。年商は約13億円に達していました。

こうして1～2年ほどは絶好調の時期が続きました。しかし、北海道のマーケットが良いという情報が広まり、東京や大阪、九州の業者が雪崩を打って札幌へ進出してきました。そのため、急速に供給過多となり需給バランスが崩れ、北海道の市場は徐々に悪化していきます。これは北海道に限った話ではありません。この頃から東京、大阪を含め、全国の市場が急速に悪化していったのです。

1970年代当時、頒布会系通販業界のマーケットは全国で200億円程度でした。業者が急速に成長し、当時トップの大阪のフラワーは売上高50億円を突破。その他、有力企業は軒並み売上を伸ばし、マーケットは飽和状態になりました。200億円のマーケットに300億円を超える供給となってしまったのです。

頒布会業者の業績悪化は広告宣伝費のコントロール不能という形で顕在化します。こうして業界全体の業績は急激に悪化し、倒産の嵐となりました。

各業者は振り出した手形を落とさなければならないので、売上を減らすわけにはいきません。そのため、広告宣伝費の効率が悪化しているにもかかわらず、広告宣伝費を投下し続けざるを得なくなりました。

同業者との会話で、「儲かっていますか?」と聞くと、「儲かるとか儲からないはもはや関係ない。手形を落とすために続けるだけ」という返事がかえってくる有り様です。

業界全体が修羅場となりました。中小企業を手始めに、ついに業界トップの大阪のフラワーまで倒産していきました。

そして、私もまた例外ではありませんでした。

■資金繰りに窮し、会社整理の申立へ

友華堂のスタート時から、経理は私の妹の佐藤政子が担当していました。スタートしたばかりで資金不足に苦しんでいたとき、彼女に何度か借金をしたこともあります。嫌な顔もせずに貸してくれました。細かなことにも気を配り、会社を支えてくれました。

しかし、頒布会系通販業界の危機は友華堂をも直撃します。チラシのレスポンスが急激に悪化する中、手形を落とすためには売上を減らすわけにはいきません。

ついには、取引先と融通手形のやり取りをして、その手形を金融機関に持ち込んで資金化するということもありました。そして、月に一度の取引先への手形ジャンプの旅が恒例行事になりました。

手形ジャンプとは、手形の支払期日延期の依頼のことです。切迫した状態ではあるものの、依頼するには勇気が必要でした。受け入れてもらって何度となく安堵のため息をもら

したものです。

また、兄弟はもちろん、友人や取引先の担当者にまで借金の依頼をしました。当時、業界の成長を見込んでいた私は物流センターを建設したのですが、完成して決済したのはいいものの、数か月後に資金ショートに陥り、支払った工事代金を借りたこともあります。その後、返済し、また借りるということを3～4回繰り返しました。

社員に借金したこともあります。土地の権利証を担保に借りました。気のせいか、社員の態度が変わったように感じました。それも当然でしょう。

こんな方法も考え出しました。大口取引先に小切手を渡し、その取引先が金融機関の口座に小切手を入れて現金を引き出す。その資金を電送で送ってもらって決済に使って、短期間資金をつなぐのです。

実は、こうした経験から学んだことがあります。

手形ジャンプなどを依頼すると、受け入れてくれる相手と何度頼んでも受け入れてくれない相手がいます。受け入れてくれるのは親切な人です。

しかし、パートナーとして仕事を一緒にやるべきは「受け入れない人」です。親切な人とビジネスパートナーは違うということです。

支払決済日は最初は月1回、やがて2回、3回、4回と増えていきました。神経の休まるときがありません。手形を落としホッとするのも束の間、また次の決済日がやってくるのです。

そんなことを1年近く続けても業績はジリ貧でした。堪りかねて法律事務所に相談しました。東京・新橋駅前のニュー新橋ビルに事務所を構える杉永法律事務所・杉永弁護士に事情を話すと、即座に「早くやめろ」と言われました。

もはや考える余地はありません。急いで書類を揃え、私は会社整理（この制度はすでに廃止された）の申立をすることにしたのです。

裁判所の命令は、債務20万円以下の小口債権者には支払ってもよいが、その他の債権者には支払い中止とのことでした。金融機関に対しては、担保もあったので100％返済することができました。

債権者会議も何回か開きました。そのときに痛感したのは、借金を依頼することの大変さです。最もつらかったのは人に頭を下げて借金を頼むことでした。

会社整理の最終処理は、一般債権者は3年間で50％返済という形で決着しました。会社には売掛金があったので、その回収と新しいビジネスによって3年間で約束どおり50％返済を実行しました。

この処理のおかげで銀行取引停止にはならず、次のビジネスにつながりました。いま振り返ると、本当に貴重な経験だったと思います。私はまだ20代でした。

■印鑑販売の全国展開で再出発

会社整理に目処がつくと、私は再出発を期して次のビジネスを模索し始めました。当時は1970年代半ば、印鑑が大ブームになっていました。支店のあった札幌市では新聞に印鑑販売の営業マンの募集広告が載らない日はなかったほどです。札幌市だけで400人以上の印鑑の営業マンがいたのではないかと記憶しています。こうした状況を見て、私は初心に帰りました。印鑑の訪問販売を本格的に行うことにしたのです。

1977年、株式会社「友華堂」を設立。これを機に、営業マンを採用して販売力の強化と販売ネットワークの構築に力を入れることにしました。

営業所は地方を中心に設置しました。都市部は競合他社が多かったからです。上尾本社に始まり、宇都宮、高崎、札幌、釧路、北見、水戸、郡山、金沢、那覇へと支店を広げ、全国10か所の営業拠点で150人の営業マンを擁して印鑑の販売を行っていました。

その後、印鑑の卸にも進出しました。当時は他の訪問販売業界から営業マンが転出してきて、印鑑の販売会社をつくる例も少なくありませんでした。百科事典のブリタニカ、ミシン、ベッド、不動産業界などの営業マンたちです。そんな会社に友華堂は印鑑を卸しました。

その頃、日本印相協会という会社が大々的に印鑑の新聞広告を出していました。それをヒントにして、私は新聞折込による印鑑の通信販売にも乗り出すことにしたのです。

個々の営業マンへの依存度が高い訪問販売に比べて、通信販売なら本社主導で営業を行うことができ、売上が安定するのではないかと考えたからです。

新聞折込広告は全国3000万世帯に配布しました。もともとチラシによる販売は私の得意とするところで、通信販売という販売チャネルは将来的に大きな可能性を秘めていると感じていました。

当時から行っていたチラシによる販売ノウハウの一端を紹介しましょう。

新聞折込は年間媒体費を10億円程度投入しました。印鑑の平均単価は2万~3万円です。都道府県別と都心のビジネス街、市街地近郊のレスポンスをチェックし、チラシの配布数を割り出しました。朝日、毎日、読売等の中央紙から中日新聞、西日本新聞の準中央紙、北海道新聞、東奥日報、沖縄タイムズ等の地方紙、釧路新聞、デイリー東北等のローカル紙までレスポンスをチェックし、効率的に新聞折込をしました。

このとき感じたのは地域を細かく分けすぎても意味がないという点です。配布枚数が減ってしまいます。埼玉県の一部、新潟県、群馬県は2トン車にチラシを積み、新聞販売店まで直接配布をしました。

この新聞折込チラシによる販促が、のちのベルーナの重要な営業戦略にもつながっていくわけです。

こうして印鑑の販売は、訪問販売、卸販売、通信販売の三つの手法で行うことになりました。しばらくは絶好調の状態が続きました。しかし徐々に、三つのうち訪問販売の売れ行きが鈍くなってきました。

そこで、印鑑の訪問販売事業はクローズすることにしたのです。

その後、印鑑と同じ手法で「掛け軸」も売れるのではないかと考え、掛け軸の販売も手がけたことがあります。最初は事情がわからず、台湾製の掛け軸を日本製と間違えて売ってしまったこともありました。いまとなっては笑い話です。

■頒布会形式の「通販ビジネス」に進出

1980年代に入ると印鑑の販売に翳りが見え始めました。印鑑販売への参入業者が増え、競争は激化し、販売市場は飽和状態になっていたのです。もはや市場拡大は見込めませんでした。これも世の常です。

そこにとどめを刺したのが、高額な価格で印鑑などを売りつける新興宗教の霊感商法でした。1982年、この霊感商法は大きな社会問題となり、連日メディアをにぎわしました。記憶されている方も多いでしょう。その影響で業界全体も友華堂も大打撃を受けました。印鑑の売れ行きが極端に鈍ったのです。

——早く次の一手を打たなければ……。

私は考えあぐねていました。

そしてたどり着いた結論は、再び陶器を中心とした頒布会事業に乗り出すことでした。ただし、今度は「訪問販売」ではなく、頒布会本来の「通信販売」の形です。

陶器の一大産地である岐阜県多治見市に頒布会企画の卸をしている会社があり、その会社の商品を扱うことになりました。商品企画はそちらに任せて、友華堂で販売を行うのです。これを契機に、私は頒布会ビジネスに商売の足場を移すようになっていきました。

現在のベルーナの原型ともいえる通販事業に進出したのは1983年のことです。やはり頒布会からのスタートでした。

頒布会の企画を練り始めましたが、人材は私以外誰もいません。そこで、私が中心になり、二人の女性パート社員にアシスタントについてもらいました。旧来、頒布会の取り扱う商品は陶器関係、手芸品関係、軽衣料関係ですが、一般アパレル商品を中心に手がけました。ブラウス、パンツ、ニット、ジャケット等のアイテムです。売れ筋の商品を3～5

点選択し、頒布会を構成して販売します。

そのほか、刺し子(藍染めの布に刺繍が施された布製品)、パッチワーク、アートフラワー、ショーツなどを扱いました。中でも刺し子はよく売れました。その頃、刺し子は女性の間でブームだったのです。印鑑と同じように折込チラシを配布する手法で、1万9800円の刺し子セットが毎月数万単位で売れました。

苦労をしましたが、このように、少なからずヒット商品を生み出しました。商品の企画点数が増えると企画スタッフは不足します。

そこで、コールセンターで活躍していた加藤順子さんに企画の仕事を手伝ってほしいと声をかけました。本人は「絶対無理」と言っていましたが、半年でいいから手伝ってほしいと口説いて企画の仕事に就いてもらいました。先輩はいませんから彼女は最初からレギュラーです。企画の経験がないながらもセンスがあり、ヒットを連発し売上に貢献してくれました。海外の商品調達ルートを開拓したのも彼女です。当時はアパレルの企画と貿易を一手に引き受けてくれました。現在も活躍している大功労者です。

こうして頒布会業界に参入して1年後、友華堂は日本で圧倒的なシェア1位になっていました。

その要因は、印鑑の通信販売で培ったノウハウが活かされたからでしょう。毎週上がってくる受注結果をチェックし、エリア区分別のレスポンス率データを作成し、データに基づいたチラシ配布を行ったのです。

また、配送費コストを削減するために、商品を毎月届ける頒布会方式ではなく、一度にシリーズ全品を届けるセット販売方式に切り替えたことも強みになったと思います。

この頃、女性の社会進出が活発化し、買い物に費やす時間が少なくなったことから、通販人気はかつてない高まりを見せてきていました。

そうした時代の新しい変化と足並みを揃えるように、私の商売の軸足は徐々に本格的な通販事業へと移っていきました。取扱商品も、エプロン、ハンカチなどの軽衣料、趣味用品（京和紙、文化刺繍、ビーズ絵）などの手芸品、和洋食器、燕三条のステンレス製の鍋と、どんどん広げていきました。

第2章

ベルーナの成長とビジネスモデル

■顧客リストを活用しアパレル通販に参入

頒布会通販ビジネスの最大のメリットは、堅実な顧客リストが手元に蓄えられていくということでした。私は、この顧客リストが将来の事業展開のための貴重な財産になると考えました。そこで、顧客リスト管理のために大型コンピュータの導入に踏み切りました。1982年のことです。まだ、現在のようにコンピュータが普及していたわけではありません。導入には膨大なコストがかかりました。しかし、通販業界の将来性を考えれば、こうした先行投資は絶対に必要だと確信していました。1976年には大和運輸(現・ヤマト運輸)による宅急便が誕生しています。

1980年代初め、通販業界は急成長の兆しを見せていました。1982年にパソコンが登場し、コンピュータ時代が幕を開けました。つまり、通販業界で最も重要な顧客管理と商品配送の手段が整ったことになります。

こうした時代の中で、私は次なる経営戦略としてアパレル(衣料品)通販への参入を決断したのです。1983年のことでした。

販売方法は折込チラシというマス媒体で顧客名簿を集めてリスト化し、ダイレクトメールで展開するという循環です。

そして、初年度に1億3000万円の売上を達成しました。2年目の売上は6倍強となり、3年目には通販事業は印鑑販売を抜いて、友華堂の大黒柱となります。

急成長の理由の一つに、頒布会ビジネスの方法を応用した「セット販売・割賦販売」という独自のモデルがあります。

通常の頒布会では、会費制によってセット商品を毎月1点ずつ届けるという方法が一般的です。しかし、私は商品数点をセットにして一括して先渡しし、料金は毎月分割で支払うという方法を考え出しました。一括払いのお客様には割引をしました。

この方法はお客様にしてみれば、数か月分の商品が一度に届くので楽しみを先取りできます。会社にとっては、セット販売のために商品の大量仕入れが可能で原価率を下げることができますし、一度に届ければ配送費も安くなります。割賦手数料収入が得られるメリットもあります。

広告宣伝の方法は当初、チラシを中心に販売していましたが、1986年2月にはダイレクトメール『プチ・ベルーナ』を発行しました。これは、チラシの中から売れ筋を集めた小冊子で、顧客にDMで送るわけです。チラシの売れ筋を集めたミニカタログといったところでしょうか。このとき初めて、後の社名となるベルーナという名称を使いましたが、命名のいきさつについては後述します。

当時からの通販業界の大手トップはニッセン、千趣会、セシール、ムトウでした。ニッセンは米国型のダイレクトマーケティング系、千趣会は職域販売系、セシールは下着中心に販売、ムトウは生協婦人会系、そして友華堂は頒布会系というように、同じ通販でもそれぞれルーツが違います。

この4社はいずれも立派なカタログを作っていました。当時は、「よくこんなカタログができるな」と、ただ感心していました。しかし、徐々に自分たちも立派なカタログにチャレンジしたいという思いが強くなっていきました。

そして1986年8月、初めての総合カタログ『ベルーナ』を発行し、本格的なカタログ通販事業(2010年に総合通販事業へ改称)に進出することになります。

しかし、総合カタログによる通販を行うには圧倒的に商品が不足しています。そこで、そ

弊社の通信販売はチラシからスタート。その後、カタログを発行した。チラシ1枚の中に何を掲載するか、お客様の求めている商品は何かを見極めるのがポイント

『プチ・ベルーナ』は1994年に『ルフラン』に改称。これは創刊号の表紙

下の3冊はチラシの人気商品を集めたミニカタログの『プチ・ベルーナ』。大判カタログは右上から左に『ベルーナ』創刊号、2号、3号

れまで取り扱ってこなかった商品も載せる必要があり、ベンダー（仕入先）の開拓にも励みました。

当社のカタログによる総合通販事業の強みの一つは「チラシとカタログの連動」にあります。

新聞折込チラシでの会員集めは費用負担が大きいこともあり、採算を合わせながら「何が売れるのか」をまず知る必要がありました。そこで、トレンドのみを意識した商品ばかりを掲載するのではなく、目玉となる商品を掲載しながらも定番商品を中心としたチラシを作成して実験を繰り返しました。

その結果、20～30代の若年層は新聞そのものを見る機会が少ないこともあり、購入客の中心層は30～50代女性にあることがわかりました。そこで、この世代をメインターゲットに定め、その層に合ったカタログを制作することにしました。新聞折込チラシを読む世代とターゲット層がほぼ一致しているので、新規客一人あたりの開拓費用を小さくすることができたのです。

バブル崩壊後も急成長を続けたベルーナ

カタログ通販事業の好調を背景に、友華堂は企業としての陣容も少しずつ整えていきます。その過程では多くの方々との出会いや力添えがありました。

友華堂は1983年に埼玉県上尾市に本社ビルを建設します。その本社ビルの増築にあたってお世話になったお一人が現在、株式会社アドバンス代表取締役を務める杉中尚平さんです。

杉中さんは当時、大東京火災海上保険(現・あいおいニッセイ同和損害保険)の上尾支社に勤めており、友華堂本社ビルの拡張先として当たりをつけていた土地の地主さんとたまたまお知り合いでした。そんなことから土地売買について地主さんとの交渉に尽力していただくことになったのです。

最初はそれだけのご縁でした。それから数年後、杉中さんは保険会社を辞めて脱サラをするとご挨拶に見えました。保険代理店の研修生になり、収入は5分の1に激減すると。驚きました。高い競争率を勝ち抜いてせっかく入社した大東京火災海上を辞めるなどうかしているとしか思えません。しかしその一方で、杉中さんという人物に大いに興味を持ったのです。

杉中さんは、「私が大東京火災海上を辞めると話したときの安野さんの驚きの表情がいまも忘れられませんよ」と言って笑います。

それ以来、怪我をしたときの傷害保険や交通事故の際の損害保険の請求手続きを代行してもらったり、毎年開いていたベルーナの経営方針発表大会にお招きしたり、一緒にゴルフへ行くなどの付き合いが始まりました。私が困っていることなどを相談すると、彼は本当に親身になって対応してくれます。

自分では忘れていたのですが、杉中さんはあるとき私が言った「事業は横に広げなければダメだ」という言葉をよく覚えているそうで、それがポートフォリオ経営のことを指していたことにあとで気づいたそうです。そして彼はやがて保険代理店を興しますが、3店舗を展開する保険事業だけでなく、事故相談や車検・整備から新車・中古車の販売などをサポートする事業も手がけるようになりました。

ちなみに、現在ベルーナ本社ビル1階にある「ほけんの窓口」は杉中さんがパートナー

1983年、株式会社友華堂の
本社竣工披露パーティにて

友華堂時代、会社案内に使
用していたプロフィール写真

契約を結んでいる店舗です。

1990年、「友華堂」は社名を「ベルーナ」に変更しました。アパレルを扱うのに「友華堂」ではいかにも古くさく、もっと夢のある社名にしたいと考えたからです。

「ベルーナ」の社名は当時私が飼っていた犬の名前・ベルナからつけました。最初はブランド名として使っていたのですが、これを社名にすることにしました。

あとで知ったことなのですが、ラテン語のベルーナ(ベル・ルーナ)には「美しい月」という意味があるのです。

社名を新しくするために社内で公募したのですが、有力な候補はすべて商標の関係で使用できませんでした。ベルナに音引きを入れてベルーナにしたところ、商標に引っかかりませんでした。苦肉の策で思いついた社名でしたが、このネーミングの妙に私は満足しました。

カタログ通販事業に参入以来、ベルーナは毎年30〜40%の売上増を続けていました。

この急成長によって、受注・問い合わせなどを行うコールセンターや物流センターなど

1987年当時のコールセンター。この頃は、お客様からの電話注文を手書きでメモし、その後入力していた

現在のコールセンター。ヘッドホンマイクになり、すべてパソコン作業。システムの進化で迅速かつ正確にお客様からの注文・問い合わせに対応できる

1994年、領家丸山流通システムセンター(現・丸山物流センター)が完成

のインフラが不足してきます。

1986年に埼玉県上尾市に建設した第一物流センターはすでにそのキャパシティを大幅に超え、1989年、埼玉県大宮市に第三物流センター(現・第三ディストリビューション)を新築します。こうして、取扱商品と売上の拡大に伴って足りなくなるコールセンターやロジスティックの拡充が年中行事になっていきます。

1990年、北海道札幌市、埼玉県鴻巣市にそれぞれ受注センターを設置。1994年、埼玉県上尾市に領家丸山流通システムセンターを新築しました。

2000年からは、宇都宮流通システムセンター（栃木県）、川越オーダーレセプションセンター（埼玉県川越市）、領家山下流通システムセンター（埼玉県上尾市）と、毎年のようにオーダーレセプションセンター、流通システムセンターを稼働させることになります。

現在、1万坪から3万坪に及ぶ大規模物流センターは3か所あり、すべてオートメーション化が実現され、物流コストはかなり下がってきています。

2014年に建設した吉見ロジスティクスセンター（埼玉県吉見町）の運営に関してお世話になったのが、現在、ハートアンドブレイン株式会社取締役会長の曾根宏道さんでした。曾根さんはかつて株式会社ダイヤモンド社の記者、編集者を経て、取締役編集局長として活躍していましたが、その後メディア関連の会社の代表取締役を務めていたときに、その会社の知人を介して出会いました。

あるとき、その曾根さんからトヨタ生産方式を学んだ経営コンサルタントを紹介いただくことになりました。そして、その人物に物流センターのシステムなどの改善のコンサルをお願いしたのです。

曾根さんとは直接的な仕事のつながりはほとんどありませんが、以来、ゴルフなどで頻

2014年に完成した吉見ロジスティクスセンターの敷地面積は29,964坪。最新鋭の物流設備を持ち、お客様への翌日配送を実現

繁に顔を合わせています。曾根さんは若手の経営者を多数育てていらっしゃって、彼がセッティングした若い経営者対象のセミナーに講師としてお誘いいただいたこともあります。曾根さんがそのときの思い出をこんなふうに話してくれました。

「セミナーは1泊2日で安野さんの軽井沢の別荘で行いましたが、安野さん自ら地元の野菜を仕入れてきて天ぷらを揚げて食事をふるまってくれました。経営者としての話も興味深いものがあり、そのときのメモをいまも大切に保存しています」

さらに、曾根さんは次のような独特の表現で、経営者としての私を語ってくれました。

「あるとき仲間と飲みながら、『最高の経営者とは？』という話になりました。侃々諤々《かんかんがくがく》の議論の末、こんな結論に落ち着きました。『うちの社長は変に運が良く、変に勘がいい』と社員が嬉しそうに言う、そういう人が最高の経営者ではないか、と。安野さんにはそういうところを感じます」

曾根さんは長くメディアで仕事をしているだけに情報通であり、しかも人と人との相性などを見抜いてマッチングさせる才に長けている印象を持っています。

さて、話を戻しましょう。

考えてみれば、社名をベルーナに改称した頃、日本経済はバブルが崩壊し、平成不況に突入。多くの企業が業績悪化に苦しんでいました。

そんな中、ベルーナはなお、年率20％以上の成長を続けることができました。当時ベルーナは流通業界で「バブル崩壊後に急成長した珍しい会社」という形容詞で語られるようになりました。

ベルーナのコアターゲットは30～40代の働く女性で、その層を意識してスーツやジャケットなどのアウター系を中心に、トレンドを追わず、ベーシックな定番商品を展開しています。つまり、「流行を追いかけることはあまりしないが、おしゃれに興味はある」という層をターゲットにしています。トレンドの最先端ではなく遅れてもいない「真ん中より少し前」をイメージし、また一流ではなく一・五流あたりを目指してターゲット設定をしています。

とくにこの時期ヒットしたのは、ジャケット、ブラウス、スカートの3点セットなどです。市販品より2割以上安い価格を設定し、サイズも豊富に取り揃えました。

こうして幸運にも好調を維持することができたベルーナは、平成不況の真っ只中である

1994年に株式の店頭公開を実現します。印鑑の販売で創業した頃には、株式の公開など考えてもいませんでした。

■通販成功の鍵は媒体費のコントロール

ベルーナ躍進の大きな要因は、売上拡大路線から収益重視の経営へのシフトでした。私の経営は、ひと言で言えば、分母（売上）を100として分子（経費）のバランスをどう構築するかを考えることだといっても過言ではありません。

通販では分子のバランスを次のように考えています。

原価45％、媒体費（広告宣伝費）24％、物流費8％、電算費2％、人件費5％、その他10％。これで利益は6％です。

とくに重要なのは媒体費のコントロールです。これに失敗すると破綻に追い込まれます。一つの目安として、原価＋媒体費の合計が重要です。これが70％以内に収まればなんとか採算がとれます。しかし、このバランスが崩れると収益は上がりません。仮に原価率が60

%の場合は媒体費が10%にとどまれば収益は上がるということです。

広告宣伝は通販事業の最大の武器です。しかし、ここに金をかけすぎると利益が出ないという矛盾をはらんでいます。

通販はカタログ印刷、配送費などさまざまなコストがかかります。媒体費がかさんでも、十分な売上があれば成り立つのですが、手形決済ですから、常に一定の手元資金を確保しておかないといけません。これは、かつての頒布会業界が壊滅した際に得た大きな教訓です。

そして、状況によって売上に占める媒体費率は変わります。たとえば、顧客リストの収集には初期投資がかかるので媒体費率は高くなりますが、顧客リストが活用できてくると下がります。

これについてはあとで詳しく説明しますが、ベルーナでは顧客リストの活用によって媒体費率をコントロールしているので、商品の原価などにかかわらず利益が出せる仕組みになっています(59ページ参照)。

もちろん、コントロールが必要な経費は媒体費ばかりではありません。商品の原価、物流費、電算費、人件費を適正なバランスに抑えることも大切です。もちろん売上を拡大しないと経費の捻出はできません。

通信販売はデータベースを活用して商売をするというのが基本的なビジネスモデルです。顧客の新規開拓（リストの収集）、顧客の活用（リストの活用）、顧客の掘り起こし（リストのフォロー）の循環が大切になります。

これらを円滑にするためには、まず商品の選定とターゲットの設定が必要になります。現在はモノ余りの時代ですから、生半可な商品ではお客様は反応しません。魅力ある商品の開発と選定が重要になります。

販売する商品が決まったら、テレビ・ラジオなどの電波の活用、新聞・雑誌への掲載、新聞折込チラシの活用、カタログの活用、ネット広告などのマーケティング戦略が必要になります。

一方では、注文を受注するコールセンターや商品の発送を担う物流センターなどのフルフィルメント機能（商品の受注から決済に至る業務全般）も欠かせません。

これらがうまく循環して通販ビジネスは初めて成り立ちます。

もちろん、在庫管理も大事です。商品が売れても、余剰在庫が残れば収益を圧迫します。

したがって、在庫コントロールをしっかりと行わなければなりません。発注のタイミングの判断や発注量を許容範囲に抑えるスキルも必要になります。

■顧客リストをランク分けし媒体費を調整

通信販売の基本は、新規のお客様を獲得するためのリストの収集、集めたお客様にアプローチするためのリストの活用、離反したお客様の掘り起こしです。

この循環がうまく機能すると、媒体費(広告宣伝費)のコントロールがうまくいって、カタログ通販事業は成功します。しかし、実際にはこれが難しいのです。

顧客リストを集める段階では多くの媒体費が必要になりますが、集めたリストを活用して販売する場合には媒体費率は下がってきます。たとえば、リストの収集には売上に対して45～50％の媒体費がかかりますが、活用する段階では15～20％程度で済みます。媒体費はリストの収集とリストの活用で按分し、全体で20～25％に抑えるわけです。

ベルーナでは顧客リストを顧客パワーによってランク分けし、効率的にDMを送付するといったスタイルをとっています。

そのために、次の方法によって顧客リストを管理します。これは通販業界では一般的な顧客分析の方法であるRFM分析に、ベルーナ独自に二つの要素を加えたもので「RFMIA」と呼んでいます。すなわち、R＝リセンシー（直近購入日）、F＝フリークエンシー（購入頻度）、M＝マネタリー（合計購入金額）、I＝アイテム（購入商品）、A＝エイジ（年齢）です。

このうち最も重要な要素はR、すなわち購入時期です。

リストの全員が定期的に購入するのであれば、その顧客に対して採算の合う商品を提供すれば必ず利益は出ます。しかし、その人たちがみなリピーターとして残るわけではありません。リストは時間の経過とともに価値が落ちていくのです。

そこで、ベルーナでは直近購入がいつかによって、顧客をR1～R7までにランク分けをして、媒体費のかけ方を調整しています。

R1が1～6か月、R2が7～12か月、R3が13～18か月、R4が19～24か月という具合にランク分けします。

R1、つまり半年以内に購入した顧客パワーを100とすると、R2ではパワーが40に、R3で30、R4以降で20程度になってしまいます。そして、24か月が顧客リストのいわば寿命であり、これを過ぎると顧客パワーはほとんどなくなります。

そして、この顧客パワーに応じて媒体費を投下するというのがベルーナの媒体費のコントロールのポイントです。R1であれば、8%の媒体費で済みます。R2では10%、R3では18%というように、購入間隔が空いた顧客ほど媒体費を多くかけるわけです(図1参照)。

このような方法で顧客リストの鮮度を保つよう心がけています。

顧客リストのスクリーニングは、媒体別・事業別にカタログ発行時だけでなく1か月に一度は行います。また、顧客データはお客様ごとに送付媒体の種類や送付頻度、媒体の組み合わせなどをきめ細かく分析し、カタログ送付費用をコントロールしています。

なお、総合通販では12か月以内に商品を再購入したR1~R2をアクティブリスト(有効会員)、1年以上購入実績のないR3以降をスリーピングと呼んでいます。2017年度における稼働顧客数(アクティブリスト)は360万人(リスト全体の約20%)でした。このアクティブリストを維持するために、毎年160万人ほどの新規リスト・掘り起こしリスト

■図1　購入時期のランク別の媒体費

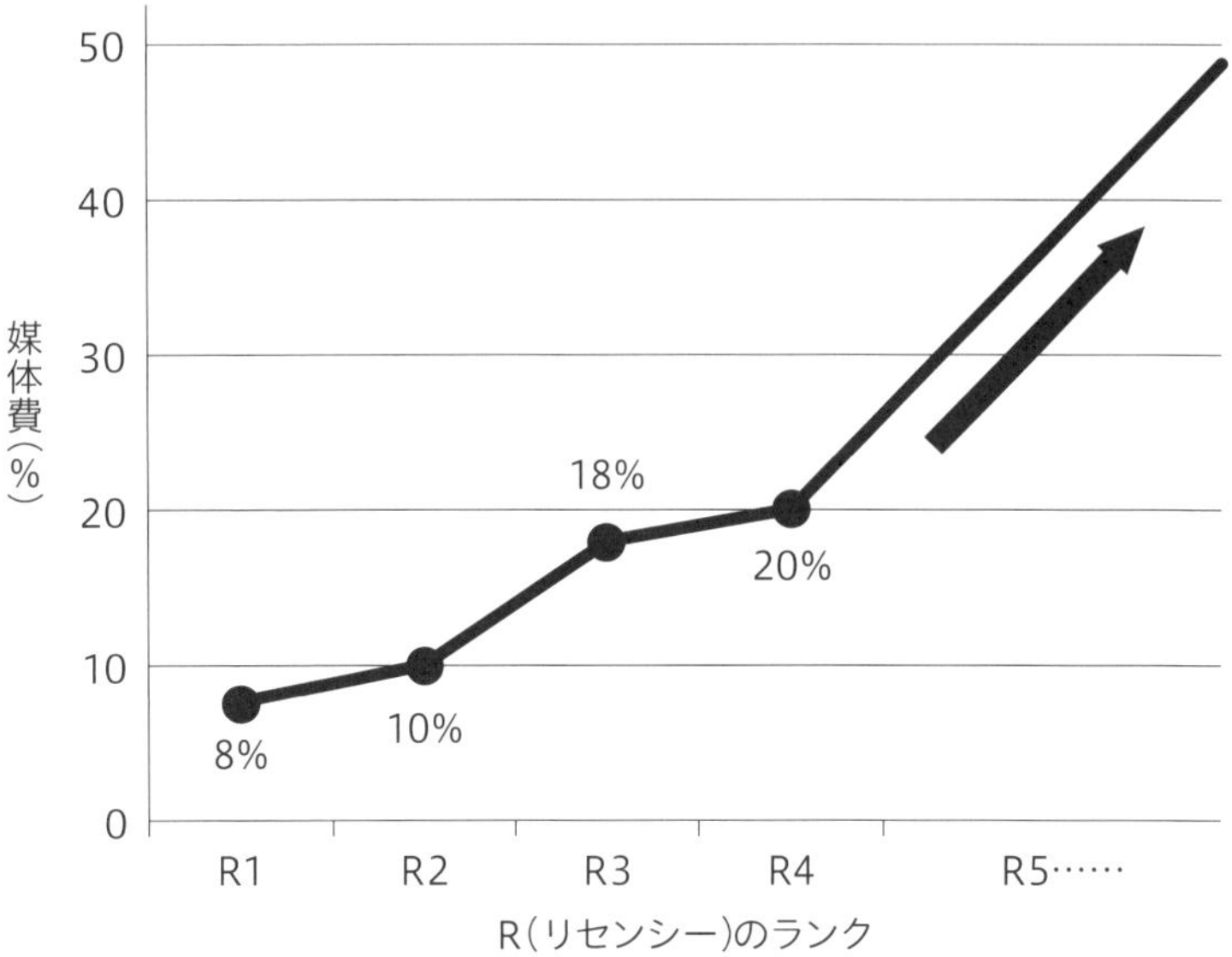

リストの収集＝売上に対して45〜50%の媒体費
リストの活用＝売上に対して15〜20%の媒体費
⬇
全体で20〜25%に抑える

を集める必要があります。レスポンス率を確保するには絶えずスクリーニングしていかないといけないわけです。

■対象を絞ったカタログで購入頻度を高める

ベルーナでは顧客層の異なるカタログを複数用意しています。総合通販事業におけるカタログのラインナップは次のとおりです。

- 『ルフラン』：60代以上向けファッションカタログ
- 『ベルーナ』：50～60代向けファッションカタログ
- 『ラナン』：30～40代向けファッションカタログ
- 『リュリュ』：20～30代向けファッションカタログ
- 『素敵な生活』：家具・雑貨カタログ

このうち、『ベルーナ』『ルフラン』『素敵な生活』の主要3媒体の発行部数は、2017年で約3700万部となっています。

さらに、後述する専門通販分野でも、『いきいき家族』（食の専門カタログ）、『マイワインクラブ』（ワイン専門カタログ）、『オージオ』（化粧品専門カタログ）、『リフレ』（健康食品専門カタログ）、『ナースリー』『アンファミエ』（ともに看護師向け専門カタログ）などを発行しています。

カタログ販売では、直前に購入いただいたお客様ほど次の購入につながる確率が高くなります。ですから、カタログ発行を年4回に固定するのではなく、季節性や適時性などに応じて5回にするなどカタログの送付間隔をできるだけ短くするようにしています。

また、顧客リストの定期的な分析で購入実績に見合ったカタログを送付するほか、お客様の趣味や嗜好など属性別にセグメント化して顧客ニーズに合ったカタログ発送を行っています。たとえば、前述したRFMIAのIの分析によって、アイテム別にどの顧客にカタログを送るかを振り分けるワン・トゥ・ワン・マーケティングも実践しています。

このように、総合通販事業では膨大なカタログやチラシを作成することが必要です。したがって、これら紙媒体を制作する印刷会社との円滑なビジネスやコミュニケーションを維持していくことも重要になります。

現在、ベルーナでは主に4社の印刷会社と取引をしています。その中の一つに株式会社千明社があります。

1992年のことです。

ある人物がベルーナ本社へ飛び込み営業にやって来ました。千明社の根本三郎さん(現・同社代表取締役社長)でした。新たにオフセット輪転機を導入したということで、通販会社に絞って新規取引先を探していたそうです。

実はこれが絶妙なタイミングでした。諸事情があり、私たちも印刷会社の新しい取引先を探していたのです。また当時、ベルーナはいよいよカタログ展開を本格的に加速しようという時期でした。こうして両社の思惑が一致しました。

千明社はオフセット輪転機を持っていて、印刷のための製版はもちろん、デザイン・編集もできるという強みがありました。それで、カタログやチラシ、DMの印刷を千明社にもお願いすることになったのです。それ以来、会社を挙げてベルーナに協力していただいています。

根本さんは当時のことを次のように振り返ってくれました。

「通販会社の社長ですから、印刷についての知識はあまりないだろうと思っていました。ところが、実に詳しい。私ども印刷会社の人間と同じレベルまで細かいことを知っておられたのです。オフセット輪転機のことも当然ご存知だし、紙の使用量やカタログのページレイアウトなどまで頭の中に入っている。これには驚きました。初めてお会いして1週間後には直々に連絡がありました。数字についても細かく詰めてきました。決断が早く、数字に強い人だという印象を受けました」

千明社との取引はそれ以来、四半世紀以上途切れることなく続いています。ネット通販の時代になっても、カタログ通販を主力とする通販会社にとって紙媒体は欠かせない武器です。したがって、印刷会社というのはきわめて重要なサポーターです。

こうした目に見えないバックアップも、ベルーナの商売の基盤を支えてくれています。

■折込チラシで商品企画力を磨く

折込チラシというのは実は販促上、効率がよくありません。当社のマネをして新聞折込チラシを試みた競合他社もありましたが、みな採算が合わずやめてしまいました。

しかし、ベルーナでは現在も折込チラシを続けています。その理由は、折込チラシを売上拡大や新規顧客獲得の目的だけでなく、商品企画力を磨くために使っているからです。

一般の方は、チラシを作るよりもカタログを作るほうが難しいと感じるかもしれません。私も以前はそう思っていました。しかし、実は逆なのです。

レスポンス率は別として、商品を並べればカタログを作ることはできますし、多少なりとも商品は売れます。一方、チラシは難度が高く、採算点をクリアするのは至難の業です。たとえば、カタログの中の売れ筋商品をピックアップしてチラシを制作しても売れませんし、売れても採算がとれません。

チラシ向けの商品は、一部はカタログから流用していますが、ほとんどはチラシ向けに開発されたオリジナルが占めています。チラシ掲載の商品は吟味に吟味を重ねて残った数種類の中から1点を選び、顧客の反応をデータベースとして採算に合う商品企画を行っています。難度の高いチラシ制作からスタートしたのは企画能力を高める上で幸いでした。

チラシの効用は他にもあります。

通販カタログはほとんど四半期に1回のペースでの発行です。ですから、売れ行きを確かめてそれを次の商品企画に反映させるのに最低でも3か月以上、季節衣料になれば1年以上かかります。これに対して、チラシは毎週でも商品を差し替えられます。実際に、チラシに掲載した商品が他の商品と比べて平均値以上の受注がない場合、翌週のチラシからその商品を削除するといったこともしています。また、全国統一のカタログと違い、配布地域によって数種類を差し替えることもできるので、より細やかな広告宣伝が可能です。

■縮小するカタログ通販のマーケット

1995年、それまで20～30％の伸びを見せていた売上がパタリと止まりました。阪神・淡路大震災の影響でした。

――経営戦略を根本から見直さなければ……。

ベルーナにとって初めての大きな苦難に直面し、今後も企業として成長を続けるには何かドラスティックな改革を仕掛けなければと痛感しました。

そしてたどりついた結論が「ポートフォリオ経営」でした。総合通販という1本の柱だけでは危機に対してあまりにももろい。複数の柱が必要だと思うようになったのです。

こうして、グルメ、健康食品、ワイン、化粧品、看護師向け商品といった専門通販、ファイナンス事業など少しずつポートフォリオ経営の体裁を整えていきました。

これらによって鈍化した成長性が復調しました。そこからは、毎年売上の2桁成長が続きます。

1998年には東証二部へ上場します。同年、JR高崎線・上尾駅東口駅前に地上9階・地下1階、延べ床面積4720平方メートルの本社ビルを新築・移転しました。

そして2000年、ついに念願の東証一部上場を果たしました。

――これで危機は乗り越えた。ここからまたベルーナの快進撃が始まるだろう。

そう安堵したのも束の間。ベルーナの前に再び試練が立ちはだかります。事業の主力であるカタログ通販の成長をはばむ「市場の変化」という大きな影が忍び寄っていたのです。

実は、2000年代前半からは個人消費が低迷し、通販業界は徐々に低空飛行を余儀なくされていきます。デフレマインドと競争により、価格の下落が急速に進みました。

1998年、本社を現在地(上尾駅前)に移転

デフレ現象で販売価格も大きく下がりました。さらに、ネット通販が急速に浸透し、大型ショッピングセンターが次々とオープンするなど小売流通が拡大し、カタログ通販のマーケットは縮小していきます。

この頃から「カタログ通販はサンセット・インダストリー（斜陽産業）だ」というのが一般の認識になっていきます。

総合通販各社がネット通販に積極的に取り組み始めていました。しかし、ベルーナは出遅れていました。そこには若干の過信と油断があったのかもしれません。

私自身、当時の新聞のインタビューで次のように語っています。

〈……昨年の秋口まで、ネットに頼らずに今後も成長できると考えていた。主要顧客の年齢層が高いためだ。ただ、去年の秋から目に見えて、カタログの売り上げが落ち込んできた。そこではっきりと「時代が変わった」という認識を持った。……〉（『通販新聞』２００５年7月21日）

これを機に、ベルーナでは急遽ネットのシステムの整備に乗り出しました。同時に、商品配送のリードタイム、問い合わせへのクイックレスポンス、商品企画力、提案力などをさらに改善していくことになりました。

また、通販業界は量から質の時代に突入していました。総合通販から、本物志向・産地志向といった専門通販へと顧客ニーズが移っていったのです。ベルーナでもワインや化粧品、グルメなどの専門通販を拡充し、これが経営を助けました。

しかし一方では、ベルーナのベースである総合通販事業においても経営努力を重ねました。事業に対する私の基本的な考え方として、定番7割、チャレンジ3割というものがあります。経営戦略でいうと、7〜8割は安定したコア事業で固め、2〜3割で新しい事業に挑戦します。冒険しなければ時流に乗り遅れ、成長は止まってしまう。しかし、無謀な冒険では会社は倒れてしまう。

〝健全なる冒険〟が必要です。

こうした複合的な取り組みが功を奏したのでしょう。縮小の一途をたどるマーケットの中、なおもベルーナは増収増益を続け、2007年3月期まで15期連続で増収増益を記録しました。

ところが、危機はまだまだ続きます。主力のカタログ事業の鈍化がおさまりませんでした。加えて、好調だった専門通販の伸びにも翳りが見え始めました。

そこへ2008年、リーマンショックによる金融危機が業績を直撃しました。

この年、ベルーナは上場以来初の減収減益となります。そして2009年3月期には上場後初の最終赤字に転落しました。

〈ベルーナ、復活へ正念場〉

2009年6月18日の『通販新聞』の1面にはこんなヘッドラインが躍りました。

リーマンショックの影響は減収減益だけではありませんでした。資金面でも大きなダメージを受けました。貸し剥がしです。当時、ベルーナには有利子負債が650億円ほどあり、金融機関が融資した資金の強引な回収に走ったのです。

ここからリカバリーできたのは、もしものときのためにと手元に300億円ほどの資金を確保しておいたからです。そして、会社の資産の現金化と合わせて返済に回し、有利子負債を100億円にまで減らしたのです。

いま振り返ると、この頃がベルーナにとって最も厳しい時期だったのではないかと思います。

■ネット強化により総合通販事業が復調

2010年3月期、ベルーナは最終赤字から回復し、カタログ事業の売上減にも歯止めがかかりました。売上高こそ微増にとどまりましたが、営業利益が大きく伸びたのです。その最大の要因は、高価格帯を残しつつ、低価格帯の商品を増やしたことです。さらに、ネット販売も伸びを見せました。

この時期は本業である通販事業に再注力することにしました。ポートフォリオ経営の効果はある程度発揮されていましたが、一方ではデータベースを活用したビジネスから外れた事業ではパワーが分散してしまいました。

やはりベルーナの強みはデータベースを活用した通販事業だということで「原点回帰」という経営方針を掲げました。その結果として、総合通販事業が回復基調となり、総合通販事業売上高1000億円を目指すという拡大戦略を描くことができるようになりました。

〈ベルーナ、通販復調で攻勢〉

これは、2011年6月23日『通販新聞』1面のヘッドラインです。

やや手前味噌かもしれませんが、前項で引用した赤字転落時のヘッドラインとの好対照が、この2年の私たちの奮闘を物語っているような気がしました。

■ヒット商品開発の確率を上げるには

何度かの危機を体験し、改めてわかったことがあります。通信販売を成功させる最大の鍵はやはり「商品力」にあるということです。

商品が順調に売れるための方法は大きく分けて二つです。一つは、定期的に定番商品を開発すること。もう一つは、大ヒット商品を生み出すことです。

ヒット商品を生み出すのは簡単ではありませんが、基本的には顧客に御利益があったと感じていただけるものをいくつ提供できるかが鍵になります。アパレルであれば生地がいいとか縫製がいい、産地が特別である、商品づくりにこだわりがあるなどセールスポイントをいくつ打ち出せるかということです。

あとは長年の勘です。「これは売れるんじゃないか」という第六感も重要です。

商売は野球の打率と同じで、10割打てるということはありません。ヒット商品をつくり出すことのできる確率はきわめて低い。そして、その確率をいかに上げるかが重要になります。そのためには、定期的に市場をよく観察すること、ベンダーの情報を活かすこと、そして顧客の声をいかに汲み取るかといったことが条件となります。

①定期的に市場を観察する

定点観測においていちばん重要なのは、その名のとおり「定期化」です。決まったスケジュールを順守して継続的に行うことです。時系列での変化を知ることにより、トレンドや顧客ニーズに気づくことができます。

もう一つ重要なのは、観測先の選定です。観測先は、設定しているメインターゲットの多くが利用している場所であるべきです。観測先の選定を誤り、マイノリティなユーザーの意見を取り入れてしまうと商品開発の方向性を間違えることにつながります。

そして、見るべきポイントを明確化することが大切です。たとえば、アパレルであれば素材、色、デザイン、価格です。重要なポイントを三つないし四つに絞ることにより、商品開発に市場情報を反映しやすくなります。

②ベンダーマネジメント

ベンダーの情報の活用にあたっては、供給元の得意な分野で取り組むことが重要です。そのためには、自分たちがやりたいことを明確にして、その分野の有力ベンダーを開拓します。

そして、自分たちの取り組みを相手に楽しんでもらうことが求められます。商品開発の工程自体をともに楽しんでもらうのです。こうして成果が出れば、さらに主体的、能動的に一生懸命取り組んでもらうことにつながり、ヒット商品をつくり出せる確率が高くなります。

③顧客の声の汲み取り

いちばん重要なのはメインターゲットの選定です。そして、声を拾い上げる対象をメインターゲットに絞ります。マイノリティな意見を取り入れることはメインターゲットの離反につながる恐れがあります。

「メインターゲットを絞り、その他は捨てる」という覚悟が必要です。一流ブランドであるエルメスやシャネル、ルイ・ヴィトンなどはしっかりとターゲットを絞り込んでいます。万人受けは狙っていません。東京・日本橋の三越本店では1着50万円、100万円というスーツを売っています。このデフレの時代にそれができるのは、顧客を絞り込んでいるからです。

次に、目的をニーズとウォンツの把握に絞ります。そうすることで顧客の声を商品開発に取り入れやすくなります。注意すべきは、一般消費者・顧客の声は往々にして一側面からのものであるということです。デメリットも検討しなければマイナスの結果を生み出す場合もあります。

ここで、ベルーナのヒット商品シリーズを例に挙げて、売上総量・売上高の推移とともに、企画から展開までの販売ノウハウを紹介しましょう(76～77ページ参照)。

●**2015年**

前年に引き続きパンツを展開。

「小さいサイズも欲しい」という顧客のお声に応え、Sサイズを追加。

結果、前年を超える実績となった。

●**2016年**

『ふわふわ裏ファー素材ロングプルオーバー』を初展開。

「ボトムス以外にトップスも欲しい!」というお声に応え、裏側を全面ファー仕立てにしたトップスを企画。

1枚で暖かいという機能性が家の中から外まで活用しやすいアイテムとなり、大ヒット企画となった。

●**2017年**

新商品として2商品開発。

1商品目は『ふわふわ裏ファーハイネックプルオーバー』。

「より暖かなタイプのプルオーバーが欲しい」というお声に応える形で首元も暖かいハイネックデザインを拡充し、ヒットとなった。

2商品目は『ふわふわ裏ファーチュニックワンピース』。

従来、最も売れるアイテムである「チュニック」を全面裏ファー仕立てにして新たに展開し、ヒットアイテムとなった。

●**2018年**

新商品として『ふわふわ裏ファー素材ジップアップパーカー』を開発。

「新たに羽織りものも欲しい」とのお声に応えて企画。

ベルーナでも定番商品となっているパーカーを実績のある裏ファー素材で作ることで、秋から春先まで長く着用していただける活躍度の高い1枚になるのではと考えた。今後の定番商品になることを期待しているアイテムである。

ヒット要因

1)自社実績データの活用による自社顧客にフィットした商品開発。
2)顧客のお声(ニーズ、ウォンツ)を反映した商品開発。
3)訴求力のある価格設定(パワーのある取引先との取り組み)。

■ベルーナのカタログ通販のノウハウ

商品事例 **あったか『裏ファー』シリーズ(上代:1,490円〜1,990円)**

1)『ポカポカすっきり!あったか裏ファーパンツ』(1,990円)
2)『ふわふわ裏ファー素材ロングプルオーバー』(1,490円)
3)『ふわふわ裏ファーハイネックプルオーバー』(1,490円)
4)『ふわふわ裏ファーチュニックワンピース』(1,990円)

●あったか『裏ファー』シリーズ商品における販売数の推移

	2014	2015	2016	2017
1)ポカポカすっきり!あったか裏ファーパンツ	11万点	19万点	21万点	26万点
2)ふわふわ裏ファー素材ロングプルオーバー	–	–	17万点	22万点
3)ふわふわ裏ファーハイネックプルオーバー	–	–	–	3万点
4)ふわふわ裏ファーチュニックワンピース	–	–	–	8万点
合計	11万点	19万点	38万点	59万点

●状況分析

ベルーナにおける秋冬大ヒット商品「あったか『裏ファー』」アイテムは、2014年の『ポカポカすっきり!あったか裏ファーパンツ』のヒットを受け、年々アイテムバリエーションを拡大、2017年度には4アイテムに。

それに伴いトータル売上は2014年の239百万円から2017年には1,089百万円と約4.5倍に拡大している。

アイテム数が増えているためトータル売上が増加しているのはもちろんのこと、継続している商品に関しても年々売上を伸ばしているのは、リピーターの存在が大きいと考えられる。

企画の経緯

●2014年

『ポカポカすっきり!あったか裏ファーパンツ』を初展開。

市場におけるトレンド情報を受けて企画。過去に裏側をフリース仕立てにしたボトムスが売れており、ニーズは大きいと判断。サイズ感やシルエットなどは自社顧客にフィットするよう調整。結果、販売本数は11万点に、売上は239百万円となり、2014年の売上№1アイテムとなった。

2017年
ハイネックプルオーバー

2016年
ロングプルオーバー

2014年
パンツ

2018年
ジップアップパーカー

2017年
ワンピース

2014年から展開している大ヒット商品『裏ファー』シリーズ

新規事業の立ち上げは知恵先行で

ベルーナの事業は、すべて新規事業として一から立ち上げたものです。試行錯誤はありましたが、ほとんどの事業が現在、巡航速度に乗っています。

新規事業をつくるために大事なことは、土壌づくりから始めることです。土壌をつくって、種をまいて、育てていく。それには時間がかかります。いまのベルーナの事業はどれも5年から8年という年月をかけてこつこつと育ててきたものです。

長い時間をかけて新規事業を育てていくこのやり方を「農耕型経営」と呼んでいます。成果を得るには、全体の7～8割が土壌づくりにかかっています。

最初からいきなり儲けようとしてはいけません。最初のうちは赤字でもいい。小さな果実で儲けるよりも、大きな果実に育ててから収穫するのが王道です。

新規展開の際に、私は「大きなオアシスを狙え」と言います。言い換えると、「土壌づくりをしろ」ということです。

多くの企業では、担当者は最初にきっちりと事業プランを組み立てて、お金を使って環境を整えてから事業を始めようとしがちです。しかし、私は「最初に事業プランをつくるな」と指示します。

それよりも、ビジネスを始める前に、事業環境や成功失敗の事例を調べ、サンプルをつくって仮説と検証を繰り返すことが大切です。そうして目処がついてから初めて事業プランづくりに取りかかるべきなのです。

新たなビジネスを始めるときに、金の力に頼ってはいけません。金先行ではなく、知恵先行でなければ成功しないのです。

化粧品事業を立ち上げたときのことを紹介しましょう。

最初はオーストラリアの国鳥であるエミューの油を使った化粧品を開発しようと考えました。オーストラリアに何度も足を運んで試作しました。しかし、クセがありすぎて難しいと判断しました。

商品の調達を国内に切り替え、国内の化粧品製造会社に何社か当たりました。そして、幸いにも、良い美容クリームをサンプルとしてつくることができました。それが「ビタナリッシュクリーム」という商品です。

この商品を軸に、化粧水、美容液、クリームなどひと通りのシリーズをつくりました。商品をチラシに掲載し、主に新聞折込広告で宣伝しました。

最初は効率が悪かったのですが、回を重ねるごとに、商品の改良、チラシのコピー修正などを行い、少しずつ効率が上がってきました。そして、スタートから6年間で、年商65億円を達成する規模にまで育て上げました。

■新規事業には未経験者を投入しプロは外部に置く

ベルーナが新規事業を立ち上げるとき、その事業内容について詳しい人間は最初は社内に誰もいません。すべて初心者です。

私はむしろそのほうが成功の確率が高くなると考えています。内部は未経験者でやる。そして、コンサルタントなどを含めてプロは外部に置くのです。

プロを内部に入れると、プロに振り回されてしまいがちです。しかも、プロにも「本物のプロ」と「偽物のプロ」がいます。とくに偽物のプロを社内に入れると最悪の結果を招いてしまいます。また、本物のプロは能力が高く、社内で力を持ってしまうので、社員に会社の方向性を見誤らせてしまうことがあります。

初心者の社員が一から勉強し、試行錯誤しながら事業を育てていく。何か問題があれば、外部のプロからアドバイスをもらって修正を加える。万能ではありませんが、かなり確率の高い方法だと思います。

ビジネスというのは業種にかかわらずコツは同じだと思います。ジャンルごとのノウハウはもちろんありますが、商売のコツさえわかれば、それをそれぞれの業種に当てはめていけばうまくいくのです。「人」を中心に事業を展開していく——。それが私のやり方です。社員の成長と事業の成長を連動させておくことが企業成長のポイントです。

■カタログ通販とネット通販の連動へ

現在の通販業界はネット販売を中心に成長しています。Ａｍａｚｏｎ（アマゾン）が代表的な企業ですが、内外入り乱れて戦国時代の様相を呈しています。

カタログ通販企業としてスタートしたベルーナは、ネット通販に関しては後発企業です。根強いカタログファンはいまも存在するため、カタログの提供は今後も力を入れていきますが、世の中のトレンドがネットにシフトしている以上、ネットに無頓着でいるわけにはいきません。近年はネット通販に本腰を入れて取り組んでいます。

最初は、カタログ商品をネットで販売するところからスタートしました。しかし、これだけでは限界があると気づきました。ネットで拡販するには、顧客にストレスのかからない情報提供、発注、在庫管理などのシステムの開発が必要になります。

新規顧客をいかにネットで呼び込むかといったノウハウ、SEO（検索エンジン最適化）、有料広告の最適運用も必要になります。商品を購入しやすい仕掛けも必要です。数あるネット広告に埋もれずに商品購入へ結びつけるにはかなりのノウハウが必要になります。

ネット専用商品の開発も急務です。ネット通販で難度が高いのは商品の調達です。時に爆発的に売れる商品が出現し、そうした売れ筋商品の品切れを起こさないなど在庫コントロールが重要になります。

ZOZOTOWN（ゾゾタウン）やSHOPLIST（ショップリスト）などのように、他社の商品を自社サイトで販売することも選択肢に入っています。ただし、レスポンスのある商品は深掘りし、あまり反応のない商品は深追いしないという自然体で臨みます。

カタログで購入する顧客よりも単価が低いのも特徴です。ネット通販のユーザーに対してはカタログとは別の視点で取り組まなければなりません。

ネット通販ならではのメリットもあります。ネットの場合は1週間の初動が悪ければすぐに値下げに踏み切ることができます。全体の原価率をコントロールしやすいのです。

最近になってネット販売のコツもだいぶわかってきました。現在では総合通販の新規顧客の獲得経路はネットの割合が高くなっており、全体の40~45%を占めています。

第3章

経営者としてのモットーと経営手法

ベルーナでは、私のこれまでの経験から得た経営やビジネスについての原則や教訓を「ベルーナ語録」としてまとめており、これを社員で共有して、目標達成への武器として使用しています。

ここではそのベルーナ語録をいくつか抜粋して紹介し、さらにビジネスを成功に導くための基本姿勢や考え方について述べたいと思います。

■ベルーナ語録①「基本に忠実」

成功への近道はなんでしょうか。

それは「基本に忠実」であることです。仕事は基本どおりに事を進めたほうが上達も早く、成功の確率が高くなります。「基本」についての解釈はいろいろあると思いますが、私はその一つが「○」「×」「△」の中の○の積み重ねだと考えています。

○○○（うまくいったケース）は基本として残り、×××や△×△（うまくいかなかったケース）は消えていきます。「基本」「セオリー」というのはこうした○の歴史が残ったものです。ですから、それを踏襲すればよいのです。

物事に取り組む場合、○を参考にし、取り入れ、事に当たることで成功する確率が高くなります。

仕事もスポーツと同じです。基本どおりに取り組んだほうが上達は早くなります。一度基本を体に叩きこんでおけば、たまにしかやらなくてもすぐに体が思い出し、うまくできます。しかし自己流でやっていると、しょっちゅうやっていないとうまくいきません。

人はつい、自分なりのオリジナルを求めてしまいます。初心者ほどオリジナルでやりたがる。しかし、それではうまくいきません。オリジナリティというものは基本の積み重ねの上にできていくものです。最初から求めても手に入れることはできません。未熟なオリジナルよりも基本に忠実なほうが、うまくいく確率ははるかに高いのです。

■ベルーナ語録②「健全なる冒険」

本書のタイトルである「健全なる冒険」というのは私のビジネスに対する基本姿勢の一

つです。

競争社会の中では現状維持では業績は衰退していきますから、冒険は絶対に必要です。それが仕事の楽しさにも通じますし、チャレンジして世界を広げることで新しい可能性を見出せます。

しかし、ただチャレンジすればいいというものではありません。無謀な冒険ではなく、可能性を秘めたチャレンジでなければなりません。

冒険には二つあります。一つは、時代の変化やリサーチの裏付けをもとに新しいことに挑戦する冒険です。市場を見て、事例を研究し、情報を収集し、データを確認し、時には専門家とも情報交換をしてチャレンジする。これは手堅い冒険です。もう一つは、自分の感性で可能性を感じてチャレンジする冒険です。何十年も生きてきたこと自体が勉強ですから、そこで培われた感性による冒険も可能性を秘めているでしょう。どちらの冒険も必要だと思います。

私自身がこれまで失敗したケースを振り返ると、「これは面白そうだな」と思い、深く考えずにエイヤーと判断して実行してしまった場合です。「もっとよく考えればよかった」と反省してもあとの祭りです。

実際に後悔の残る失敗がいくつかあります。たとえば、ベルーナ関係会社にて東京・銀座の一等地でイタリアンレストランを経営したことがありました。最初は鉄板焼き店にするはずだったのですが、運営を他人に任せていたところ、イタリアンレストランになってしまったのです。

オープンのときに芸能人を呼んで派手なレセプションを開きました。当初は芸能関係者などお客様も来ていたのですが、どんどん売上がジリ貧になっていきました。家賃が月200万円くらいで、結局赤字で撤退することになりました。

「これをやりたい！」という「情熱」はもちろん必要です。しかし、その裏にはクールに勝算を見極める「冷静」がなければなりません。

一見、無謀に思える取り組みも、その裏では基本に忠実に情報を集め、仮説・検証を繰り返します。大事なことほど熱くならずに冷静に判断し、必要な手順をきちんと踏んだ上で思い切ってチャレンジすることが大切です。

■ベルーナ語録③「災い転じて福となす」

事業展開をしていれば、外部環境の変化や天災、景気の悪化、競争激化、ライバル企業の出現など何年かに一度、災いは必ずやってきます。

たとえば、阪神・淡路大震災、東日本大震災などの災害やリーマンショックなど海外発の金融混乱がありました。

災いは、放っておけば災いのままです。災いを福にするには「どうすればよいか」を考えることが重要です。そして、ピンチを「競争優位を確立するチャンス」に変えることができる取り組みを行うことが大切でしょう。

避けて通れない災いであれば、あとで振り返って「あの災いを経ていまの成功がある」と思えるような状況に変えていくことが望ましいと思います。

災いの出現は新たな発想や取り組みを促してくれます。体力強化にもつながります。災いは企業間格差も顕在化します。

ベルーナにとって最近の災いの一つが、2017年の配送料の値上げ「宅急便ショック」

でした。

従来、1回当たりの受注額が5000円未満のお客様には390円の配送コストを負担してもらっていましたが、これを490円に引き上げました。さらに2018年には5000円以上の受注単価のお客様にも190円の配送料負担をお願いすることになりました。

顧客にとっては支払いが増え、買い控えされる懸念も出てきました。そこで、私たちはよりいっそう商品力を高めて、魅力的なお買い得商品を揃える企業努力を重ねるなどの対策で、この危機を乗り越えようとしています。

災いに向き合うことと、行く手に待ち受ける困難に感謝する心構えが事業家には必要だと思います。そして、災いをチャンスととらえ、次の大きな飛躍に結びつけるような発想力、想像力、決断力が必要です。

「災い転じて福となす」――この言葉には救われますし、心が元気づけられます。余裕すら感じさせる言葉だと思います。

■ベルーナ語録④「1勝9敗」

いまの日本の成熟したビジネスはレベルが上がっています。新しい事業を思いついて実行しても100%に近い確率で失敗します。準備を重ねて取り組み、「これは間違いなくうまくいくだろう」と考えても失敗することがほとんどです。

新しいことにチャレンジすると、私の経験ではよくても10回に1回程度しか成功しません。新しい挑戦の成功確率は1勝9敗です。新事業を始めるときには1勝9敗の精神で挑むべきでしょう。ただし、その「1勝」は9敗を帳消しにするくらいに大きく勝つように頑張ることです。以前、ドン・キホーテの安田隆夫社長(当時)にこの話をしたところ、「いや、違う。1勝99敗だ」と言われたことを思い出します。そのくらい、新しいことは難度が高いということです。

シナリオA、B、Cを想定すると、現実は想定外のD、Eのシナリオになることが少なくありません。Cのワーストシナリオにも入らないような展開になることが多いのです。

しかし、チャレンジすることは大事です。たとえ何回か失敗しても落ち込まず、新しい仮説を立てて冒険する姿勢はビジネスには欠かせません。自分自身、全力を尽くせば負けてもスッキリするものです。同じ失敗でも、納得のできる失敗をしたいものです。

ただし、失敗しても大きな傷を負わないことが大切です。具体的にいうと、金銭的被害や人的被害をできるだけ軽く済ませるということです。そうした被害が少なければ、失敗しても大きな痛手にはなりません。

とくに、Aシナリオ（ベスト）を想定し、結果を確認しないまま資金を投入してインフラをつくったりすると大きな痛手を被ります。

私の失敗事例を一つ紹介しましょう。

いまから10年以上前になりますが、韓国で通信販売にチャレンジしました。韓国でも日本と同じように売れると考えたからです。

ソウル市内に事務所をつくり、スタッフも揃え、物流システムや顧客管理システムを整備してスタートしました。日本と同じスタイルでチラシを作り、カタログを制作し、販売に取りかかりました。しかし、レスポンスが悪く、採算ベースには乗りませんでした。

当時の韓国はテレビのホームショッピングが盛んで、日本と違ってカタログが通用しなかったのです。

そこで、テレビの活用を考えましたが、韓国のテレビ局は地元の財閥系が押さえており、新規参入しようとするととても採算に合わないような放映料を請求されました。

それで事業化は無理だと判断し、撤退したわけです。インフラはほとんど使われず、事業所得が得られなかったのですべて無駄になりました。

まずレスポンスを確認して採算を予測してからインフラをつくればよかったのですが、ベルーナの信用にかかわるといった話になり、インフラを先行して整備したわけです。リサーチ先行で市場を確認してから進出すべきでした。

苦い教訓です。

ベルーナ語録⑤「上流を背にして下流に向かう」

川を船で漕ぐときに、上流を背にして下流へ向かうとすいすい進みます。下流から上流に向かうと、いくら懸命に漕いでも進みません。

外部環境（時流）は絶えず変化しており、自分（自部門）のポジションがどこへ向いているのかを見失うことがよくあります。営業部門であれば、効率の良い顧客開拓をしている営業マンと、頑張っているものの成果の出ない営業マンがいます。同じエネルギーを投入するのであればなるべく多くのリターンのある顧客開拓をする必要がありますが、自分のポジションを見失っているとそれができません。

自分、自部門のポジションがどの位置にあるかを常にチェックするようにしたいものです。結果が違うのであれば必ずその原因があるはずです。原因を見極める習慣をつけましょう。

ビジネスにおいては、なるべく上流を背にして下流に向かうようなポジションをキープできるような企業戦略・企業戦術をとることが大切です。そのためには、時代の変化を読み、顧客のニーズをしっかりつかむ感度を磨く必要があります。その上で、仕事の進め方、商品開発、マーケティング、営業活動など良いパフォーマンスを生んでいるかどうかを見直すのです。小さな積み重ねが大きな力になります。

上流から下流に向かうポジションをキープできるよう、アクセル、ブレーキ、ハンドルさばきの技術を磨きましょう。

■「大きなオアシス」に向かえ

経済誌や新聞などでは年に1回程度、企業のランキングが発表されます。そのランキングを見て思うのは、同じような商品を扱いながら、売上高、成長性、収益性など業績になぜこれだけ差がつくのかということです。数年前まで同じような規模だった企業にいつの間にか大きな差がついている。企業戦略の違いでそれだけの差がついてしまうのです。

違いはどこにあるのでしょう?

成長する企業は「大きなオアシス」に向かっています。そうした企業とは反対に、小さな池ならまだしも砂漠に向かっているような企業も見受けられます。

大きな収益を生みたいのは各企業とも同じです。しかし、手間賃仕事の延長程度の企業も数多くあります。

経営者でも、手間賃仕事程度の利益で満足してしまう人もいます。しかし、企業を経営する以上、志を高く持って大きなオアシスを目指したいものです。外部環境と内部体制を把握し、その中で付加価値を高めるためにはどうしたらよいかを考えなければなりません。
部門の中でも現状を洗い出し、日々の仕事の進め方を改め、外部環境と現在の組織の実力や成熟度を見直して、楽しくチャレンジすることが企業のパワーにつながります。

■確率の高い勝ちパターンを開発する

カラオケを歌ってもうまく歌える人と下手な人がいます。うまく歌える人には2パターンあり、生まれながらにしてうまい人と練習の積み重ねでうまくなった人がいます。ゴルフのうまい人でも、さほど練習をしないにもかかわらずうまい人と、レッスンを受けて一生懸命練習してうまくなった人がいます。

このように、先天的にセンスのある人と努力に努力を重ねて上達する人に分かれます。仕事の場合も同じです。前者は自然体で仕事に取り組んでもうまくこなせますが、後者はしっかりと勉強や自己啓発をして上達するしかありません。

しかし、時間が経つと、後者の努力をした人が前者のセンスのある人を追い越すこともよくあります。これはビジネスの醍醐味です。

いずれの場合でも、うまくやるにはコツを会得する必要があります。そこに気づく人と、真面目にただ一生懸命やればよいと考える人のどちらが成果を出せるかは明白でしょう。

人と同じことをやっていたのでは大きな成果を生むことはできません。うまくやる人は、見えないところで研究に研究を重ねて努力しているのかもしれません。うまくやるコツをつかんだあとも継続してブラッシュアップを重ねる必要があります。

野球でも一流打者の打率は3割台ですが、2割バッターでは一流とはいえません。一流と二流の差は野球ではわずか1割ですが、ビジネスでは大きな差になります。

■判断（決断）は頭ではなく体で

あなたは、道を聞かれてすぐに答えられますか？　知っていれば答えられるでしょう。わからなければ答えられません。仕事も同じです。

ビジネスにおいては日々いろいろな問題、課題が発生します。その際、さまざまな判断をして事に当たるわけですが、解決策がわかっている問題は簡単にジャッジできます。わからない問題は自分で判断できませんから、上司や同僚、部下などの判断を仰ぐことになります。

判断というのは結局、計算ではなくて自然に出てくるものです。頭で考えて無理に下した判断というのは失敗することが多く、自然に出てきた判断は意外と成功する確率が高いのです。

私自身、「判断に迷う」ということはほとんどありません。自然な形でジャッジを下しているからです。

判断を早くするには感性を磨くことも必要です。情報やデータがすべて出揃ってから判断したのではビジネスにおいては後れをとることも珍しくありません。業績の悪い部門ほどデータが出てくるのを待ってジャッジが遅くなっているものです。求められるのはスピード感です。

10％ないし20％の状況で１００％の状況を予測することが必要です。その予測能力を磨かなければなりません。

たとえば、選挙速報も予測です。開票率1％でほぼ勝敗は見えてきて10～20％の開票率になれば当確が出ます。

データ100％主義というのは、レベルが低いということです。もちろん、100％見なければ結果がわからないケースもありますが、ほとんどのことは10～20％でジャッジができます。

かなり難度が高いことに対しても、頭を使わずに自然にジャッジできるようなスキルを磨きたいものです。競争優位が実現できるようなジャッジが体で自然にできる予測能力を身につけ、また速やかに実行する実践力も必要になってきます。

企業間競争に勝つには、体で判断できる領域を広げ、頭で判断する領域を減らさなければなりません。そして、体で判断できないケースは頭を使うのです。

いま、時代はものすごいスピードで変化しています。新しいニュース、情報を取り入れるためにも、体で仕事をし、頭の領域はできるだけ空けておき、難局に取り組むことが大切です。

■優先度①②③の判別能力を鍛える

大きな成果を上げる企業と上げられない企業があります。両者はどこが違うのでしょうか？

不思議なことに、成果の上がらない会社ほど真面目に一生懸命に取り組んでいることが多いものです。それなのになぜ成果が出ないのか？　私は、優先度の順番が間違っているのではないかと思います。

企業が最優先で考えるべきは業績を上げることです。会社の資源、キャパシティには限界があります。ですから、業績を上げるためには、いま取り組むべきことについて優先度①②③とランク付けをして考える必要があります。これは非常に大事なことです。会社の部門についても同じです。

そして、優先度の決定に際しては、「出口（＝成果）」を意識することが重要です。事業は出口戦略を考えて仕事に取り組むことが大原則です。

ここで大事なのは、優先度を「文章」ではなく「箇条書き」にすることです。箇条書きにすることで実行できたかできていないかが評価しやすくなるからです。

優先度①②に対しては妥協せず100%のこだわりを持って事に当たります。③は70〜80%の力を投入します。④以下は50〜60%でいいでしょう。

おそらく、業績の悪い企業はこの順位付けが間違っていて、⑦⑧⑨に力を注ぎ、①②③には高いレベルで取り組んでいないのだと思います。

優先度は外部競争環境やメンバーの成熟度などによっても変わりますが、優先度①②③の判別能力を鍛え、しっかりと方針を打ち出して取り組む必要があります。

「しょうがない」を武器にする

ビジネスは思ったとおりに事が進むことはまずありません。頑張ってチャレンジし、失敗する。なぜなのかと検証し、検証を踏まえてまた仮説を立てて実行し、それでも失敗することも日常茶飯事です。

これを何回も繰り返すとメンタルに影響してきます。

そんなときに私は、自分を慰めるために「しょうがない」「仕方がない」という言葉を使います。これでメンタルが救われる。この言葉は自分に対する慰めでもあり、褒美の意味もあります。

綿密に企画を練り、勇気を持って事に当たり、玉砕する。このレベルで失敗すると逆に快感になります。それは、「しょうがない」「仕方がない」と言えるレベルまで全力を尽くしたからです。

つまり、「やるだけのことはやったのだから」と言えるだけの取り組みをしたかどうかが問題なのです。ご自身のことを考えてみてください。「しょうがない」と言えるレベルまで努力しているでしょうか?

必要な情報の収集、他者活用、数字の活用、仮説・検証をせずに、安直な企画を練り上げて失敗するケースが多いと思います。

「しょうがない」と言える仕事の取り組みは素晴らしいと思います。

ローコスト、ハイクオリティ、ハイモラール

ベルーナの経営戦略では「ローコスト、ハイクオリティ、ハイモラール」を重視しています。分母と分子のバランスを強化するためには、収益構造のモデルをつくり、そのモデルに収まるようなコントロールが必要になります。それが「ローコスト、ハイクオリティ、ハイモラール」です。

「ローコスト」は、ローコスト・オペレーションを指しています。

前述したように、通販事業で収益を出すには経費のコストコントロールが必須です。媒体費はもちろん、コールセンター費用、物流費、電算費などフルフィルメント系においてもこのローコスト・オペレーションの仕組みをどうつくり上げるかが問われます。

ローコスト・オペレーションを実現するには、組織づくり、スタッフ教育なども大切になります。

ポイントはまず組織のシンプル化です。かつての日本企業は複雑な縦系列・横系列の組織構造になっており、それが企画決定などの流れを停滞させる原因になっていました。そ

こで、ベルーナでは組織をスリム化し、社長、管理職、一般社員の3層、もしくは社長と管理職の間に本部長が入る4層構造を基本としています。これによって、企業活動におけるジャッジメントがスピーディになります。

また、ベルーナはパート社員の比率が高く、スタッフの70％前後をパート社員が占めます。これもローコスト・オペレーションに寄与しています。しかも、パート社員でも有用な人材であれば核になるスタッフ構成に組み込むこともあります。正社員として登用する例もあり、パート社員にも活躍の場を与えていくのがベルーナの人事施策の特徴の一つです。

常に、社内のオペレーションをより効率的なものに改善していこうという意識も大事です。たとえば、通販の受注の大半は電話によるものであり、オペレーターの電話応対の効率は会社の業績に直結します。オペレーター教育の徹底を図ることで、電話時間を短くし、より多くの注文を受けることが可能になります。

また、仕事内容によってはストップウオッチの活用も必要です。ストップウオッチで計測しているだけで作業時間は早まります。その仕事にどれくらい時間がかかるかを意識することで、効率化や省力化を図っていかなければなりません。

コストは抑えても、クオリティを犠牲にするわけにはいきません。そこで、「ハイクオリティ」です。

商品のクオリティはもちろんですが、仕事の質をどうやって上げていくかということが問題になります。ベルーナでは短期間に仕事の質を向上させることを重視しています。

そのために、業務のマニュアル化を徹底しています。放っておいたらいつまで経っても一人前になりません。早期育成するにはそのためのプログラムが必要です。

ベルーナでは、営業マンであれば充実したトーク・マニュアルがあり、それを丸暗記します。商品企画に関してもマニュアルがあります。商品企画に配属されると1年間かけて研修を行い、「こういう工程で仕事をしていきなさい」というプログラムをしっかりと叩き込みます。

もう一つ大事になってくるのが、従業員のモチベーションをどう高めるかということです。それが「ハイモラール」です。

モラールというのは「士気」のことです。自分の役割を自覚して組織の目標達成に向けて熱意を持って行動する心理を指します。

ハイモラールを実現するために経営者に求められるのは、従業員が気持ちよく働ける環境をどうつくるかということです。

その一つとして、ベルーナのマネジメントで重視しているのが各部門の自主性です。各部門に裁量権を大幅に与え、自主的に運営できる仕組みをつくっています。

こうして従業員のやる気を高め、組織全体としてそのモラールの合計値を最大化することを目指します。

「ローコスト、ハイクオリティ、ハイモラール」を実現し、コストコントロールを徹底して全体のパフォーマンスを上げていくこと。それが企業の優劣につながるのです。

第4章

企業の進歩は人材の成長とリンクする

■新しい仕事を始める動機は「楽しそうだから」

私の仕事に対するモットーは「楽しむ」ということです。これは創業時から一貫して変わっていません。企業の目的というのはもちろん利益を追求することに他なりません。しかし、社員が働く意味や個人と組織の関係を考えると、この二つが両立できる企業であることが、本当の企業の存在意義だと思うわけです。

社員にとって、企業が単に労働を提供してその対価として給料を受け取るだけの場であるというのはあまりにも悲しいことです。私にとってベルーナは、さまざまな個性を持った社員が自分の能力を発揮しながら、活気にあふれた楽しい場であってほしいと思っています。

仕事を楽しむコツというのは、一つは一生懸命にやるということです。真剣にやることで仕事は楽しくなります。もう一つは工夫して結果を出すということです。やはり結果が出なければ面白くはありませんから。

仕事というのは、楽しんでやっている人間には絶対に勝てないのです。楽しんでいると新たな発想や気づきも出てきます。

仕事は難しいものです。しかし、難しいから楽しいのです。簡単にできてしまったら面白くもなんともありません。なかなかうまくいかないことを極めて、ようやく目的を達成したときの充実感を味わってほしいと思います。

私が新しい仕事を始めるときの動機の一つは「楽しそうだから」というものです。「儲かりそうだから」ということもあります。両方を兼ね備えた仕事がいちばん面白い。儲かりそうでも、「嫌だ」「楽しくなさそうだ」と思ったら手を出しません。

一例を挙げましょう。

リーマンショックの前に、東京・新橋駅近くの現在の銀座ナインの隣の土地を購入しました。リーマンショックで資金繰りに困り、この土地を売却しようとしましたが、購入価格の半値以下でも売れず、賃貸ビルを建てることにしました。そして、このビルの中に「銀座のステーキ」という鉄板焼きの店をつくりました。

以前から「肉のハナマサ」の前オーナーと親しかった関係もあり、「ステーキ店は面白いんじゃないか」と考えてスタートしたのです。A5の極上の和牛を鉄板焼きで提供する店

「銀座のステーキ」は2014年に東京・銀座にオープン。最高級和牛ステーキを楽しめる

です。

この店はとにかく楽しくできればよかった。儲けようと思っていたわけではありません。ところが、スタートして2年ほど過ぎた頃に商売気が出てきました。真剣にやったら、もっと面白くなるはずだと思ったのです。

それで、どうすればもっとお客様に来ていただけるかを考え、試食会をやったり、新作のメニューを投入したりしました。鉄板焼き店はメニューの構成や料理人の技術、雰囲気、会話、料理を出すタイミングなどが大事です。それをブラッシュアップしました。

遊び心で始めた店ですが、最近は商売として意識し、どうすれば楽しく儲けることができるかを模索しているところです。最近では私でも予約を取りにくくなっています。

■若手に仕事を任せ即レギュラーに育てる

ベルーナの人材育成の大きな特徴として、「若手を抜擢して権限を移譲し、仕事を任せる」ということがあります。

仕事を任せる理由には二通りあります。一つは、人がいなくて任せざるを得ないというケース。もう一つは意図的に任せるというケースです。

会社の初期の段階では人材も不足していましたから、前者の任せざるを得ないというのが現実でした。いまでもベルーナは若い社員が多く、先輩が少ないということで若手に仕事を任せることが普通になっています。

実は、経験のない初心者のほうが強いケースもあります。まっさらな状態から仕事を覚えられるという早期育成のメリットがあります。

たとえ初心者の集まりであっても、レギュラーは必要です。人がいなくても、レギュラーはレギュラーとしての役割を果たさなければなりません。配属されたばかりだから仕方がないというのは理由になりません。能力や経験に関係なく、市場で通用する合格ラインを超えた仕事をしなければ企業は生き残っていけません。

経験の少ない人でも、能力の高いベテランとの競争に勝てるような仕事のやり方を覚えるのは必須です。そのためには当事者意識をしっかり持つことが重要です。そして、他者を活用することが大切になります。関係者(上司、先輩、同僚など)をうまく使い、自分の経験不足をカバーしなければなりません。たとえば、商品企画であればベンダーという商品づくりのプロがいます。商品企画力のある人はこのベンダー活用がとても上手です。

そして、理論や知識を身につけ、情報を収集し、データを活用し、経験不足でも合格ラインを超える仕事をしてもらいます。そして、PDCA(Plan・Do・Check・Action)サイクルを回すことで成熟度をアップさせます。

総合通販事業を例に挙げると、ベルーナでは入社まもない新人にカタログの数ページにわたる企画を任せることもあります。ベンダーや商品の選定、価格・サイズの設定、モデル選びなど権限を持たせて取り組ませます。若手に思い切った権限委譲をすることで、社員が120%の能力を発揮できる環境を与えます。

その効果は計り知れません。若くても権限を持つことになるので責任は重大ですし、プレッシャーも相当なものでしょう。しかし、自由に仕事ができますし、自分の仕事の結果が目に見えるのでやりがいにもつながります。

私は、未経験者が実力をつける過程で「雰囲気」ということも大事だと考えています。言葉で説明するのは難しいですが、プロや実力者にはそれらしい雰囲気というものがあります。実際、雰囲気のある人は中身も備わっていることが多い。ですから、実力をつけるためには、ある意味で「役者になる」ということも大切ではないかと思います。

もちろん、若手を登用して失敗することもあります。しかし、最初は100点満点が取れず70~80点であっても、自然に成長できる仕組みをつくることが大事です。人材育成では30点程度のロスがあってもかまわないと考えています。

一方で、短期間で一人前になるような教育育成プログラムも必要です。とくに重要なのがロールプレイングです。会話の中でその人の強みと弱みが見えてきます。

よく「人が育っていない」という言い訳を聞くことがあります。「早く育成しなければ」という危機意識が足りないと言わざるを得ません。「教育が企業の命運を握る」という実感を持ちたいものです。

■当事者意識を持つための「ベーシックマインド」

ベルーナはどんな事業もスタートは初心者、経験者ゼロ、そして少数精鋭で始めてきました。素人でも成功する確率を上げるにはどうすればよいかを考えた結果、生まれてきたのが「ベーシックマニュアル」です。これは「ベーシックマインド」(考え方)と「ベーシックアクション」(行動)に分かれます。

ビジネスにおいてまず大切なのは考え方です。とくに、初心者が短期間でレギュラーになるためには、しっかりとした心構えが必要です。

この基本的な心のあり方を「ベーシックマインド」と呼んでいます。これはベルーナ社員として持つべき意識であり意欲です。

その中核をなすのが「当事者意識」であり、その内容は「利益意識」「ゲーム感覚」「ポジティブ思考」「成長意欲」の四つがあります。

では、当事者意識とはどういうことでしょうか？

舞台の上の俳優たちは、主役でも脇役でも、与えられた役を精一杯演じます。そして、演技の出来不出来に自ら責任を負います。なぜなら、どんな些細な役でも、その人がいなければ舞台は成立せず、演劇そのものの価値が下がってしまうことを知っているからです。与えられた役割を果たそうとする役割意識、果たさなければならないという義務感、より多くのお客様へ感動を与えようという使命感、そして過程（演技）と結果（観衆の感動）のすべての責任を負おうとする責任感。これが当事者意識です。

ベルーナという舞台の上には脇役はいません。全員が、成果を上げるための主役です。そして、担当する仕事に関してのプロです。それで収入を得ているからです。したがって、強い当事者意識を持つことが求められます。

「誰かがやるだろう」と他人に依存する姿勢や、「自分にはあまり関係ない」という無関心や逃げの姿勢はベルーナの求めるものではありません。

当事者になると、それまで見えなかった景色（気づき）が見えてきます。その気づきが大切です。

この当事者意識という基盤の上に、次の四つのことをしっかりと身につけるように取り組みます。

①利益意識

企業には利益の獲得という目的があります。利益を得なければ会社は成長できないばかりか、存続さえ危ぶまれます。利益の追求・獲得は会社としての使命です。ステークホルダーの満足も利益がなければ実現できません。そもそも利益がなければ事業や仕事は面白くありません。

利益はある面では、無駄なものをなくしたり、効率を高めることによって多く得ることもできます。そのためには、仕事を毎日同じように繰り返すのではなく、常に効率を高めるための改善・改良を考えることが必要です。

企業には、利益を上げて税金を払い、社会を支えていくという使命もあります。

②ゲーム感覚

仕事はゲーム感覚で行うべきだと考えます。ゲーム感覚には二つの側面があります。一つは、勝つか負けるかという勝負の側面。もう一つはゲーム感覚で楽しむことで仕事を面白くしようという側面です。

勝利するためには真剣に取り組まなければなりません。しかし、深刻になってはいけません。そこに楽しみを見出すのです。こうすることで、発想力や想像力も広がってきます。

③ポジティブ思考

何事に対しても前向きに考える習慣をつけることが大切です。「私にはできない……」と諦めたり、「私にはムリだ。なぜなら……」と言い訳したりせずに、「きっとできる。頑張ればできるさ」と考える心のあり方が新しいものを創り出します。できない理由を探すのではなく、できる方法を考えるのです。

④成長意欲

企業には成長と衰退の二つの道しかありません。現状維持は退歩(衰退)です。なぜなら、経済が安定的に成長を続けている中で、現状のままとどまっている企業は、経済社会から取り残された企業だからです。

ビジネスマンも同様で、成長するか、成長しないかのどちらかです。そして、企業の成長は、社員の成長によって可能になるのです。

仕事をしているだけでは成長にも限界があります。育成の基本は、OJT（業務の中で行う教育訓練）、OFF－JT（通常の仕事を離れて行う教育訓練）、自己啓発です。積極的に自己啓発に努めることを勧めます。本を読む習慣をつけることも大切でしょう。

ベルーナは成長意欲を持って目標に向かう社員を積極的に応援しています。

■出口（成果）をつくる「ベーシックアクション」

正しい判断を下し、より良い結果を導くためにとるべき基本的な行動（アクション）をベルーナでは「ベーシックアクション」と呼んでいます。

ベルーナがスタートした頃は慢性的な人材不足でした。みな経験がありませんから、仕事が思ったように捗りませんでした。しかし、経験の少ないメンバーでも他社との競争で優位に立たなければいけません。そこで生まれたのが経験不足でも成功の確率を上げるための方法「ベーシックアクション」です。

ベーシックアクションは「情報の収集」「事例研究」「データの活用」「仮説と検証」「他者活用」「知的理解」「討議」「報告・連絡・相談」の八つの要素から構成されます。

ベーシックアクションの使い方によっては初級者が上級者以上の仕事をすることもできます。

①情報の収集

テレビ・ラジオ・雑誌・新聞などのメディア、社内の上司や同僚など、取引先、交友関係、パーティなど、情報はいたるところにあふれています。情報を取捨選択し、とくに必要と思われる情報を収集します。取捨選択が未熟な場合は、実践を意識した情報を集めることが近道です。

ビジネスは競争です。目標を達成する上で、鮮度のある情報は重要です。競争優位を実現できるような情報の活用の仕方を考えることが大切です。

②事例研究

新しい事業などを始める場合にとくに重要になるのがこの他社事例研究です。SAクラス企業の事例とBCクラス企業の事例の両方を観察して参考にします。その企業がなぜSAクラスなのか、BCクラスなのかを分析します。SAクラス企業とBCクラス企業の強みと弱みを調べ、どこが違うのかを自分なりに考えます。

SAクラスの良い点は優先度をつけて箇条書きにして参考にします。また、BCクラスは反面教師にして学びます。

事例研究は継続的に進めていくことが重要です。継続することで研究のレベルが上がっていきます。また、時系列に情報の収集をすることも将来を見通すために必要です。

③データの活用

ビジネスとは数字をいかに構成するかです。大事なデータは頭に入れ、数字をしっかり読んで、学んで、活かすことが求められます。頭に入れるべき数字の基本は「昨年対比」「目標対比」「他社対比」の三つです。目標を達成するために必要なデータを記憶し、数字が何を物語っているのかを読み込んで、実践で活かすのです。

また、数字から状況を確認することは大事ですが、実際のデータを確認する前に頭で数字をイメージし、その真贋がわかるくらいになれば合格ラインです。

④仮説と検証

ビジネスは仮説と検証の繰り返しです。現状を診断し、その結果に基づいて処方せんを書いて(仮説を立てて)実行する。その結果を踏まえて、最初に立てた仮説は正しかったのか、仮説と違う結果が出たとしたらその原因をとことん追求して考えます。そして、それを次の新しい仮説の立案に活かします。このサイクルを回すことが重要なのです。

この「仮説→実行→検証→次の仮説立案」というPDCAサイクルは最も大切なベーシックアクションです。

⑤他者活用

これは「自分はやりたくないから、人にやらせよう」ということではありません。

与えられた仕事は精一杯行った上で、自分の限界を超えたところでは他の者の助けを借りて、より多くの成果や付加価値をつくり出そうとすることです。上司や先輩、同僚、他部門の人、あるいは社外の人を活用して協働するとき、成果は2倍にも3倍にもなります。

そのためには、他者との十分なコミュニケーション、協調性、他者が喜んで力を貸してくれる人望が求められます。「他者を活用できる力」を培うことは、業種を問わずビジネスマンとしての大きなテーマです。

⑥知的理解

いろいろな物事について、一定の道筋を立てて関係づけて理解すること。それが知的理解です。経験に知的理解が加わったとき、経験の意義はいっそう高まり、その人の力となります。知的理解を促すためには、自分一人で一から考えるよりも、上司や先輩などに教えてもらったり本を読んで理論を学んだりするほうが近道です。人に聞き、書籍などを読んで学習し続けることは人が成長していくための最大の要件です。

こうして、まずは頭で理解することです。もちろん、仕事を進める上で必要な専門用語や実務知識をマスターすることはビジネスマンとして不可欠です。

そして、ある程度の経験を積んだあとでも、自分の知らないことは知っている人に聞いて教えてもらう、学ぶという謙虚な姿勢を持ち続けたいものです。それが大きな成果につながります。知識は武器になります。

⑦討議

組織のモラールの合計値を上げるには、部門間やメンバー間の連携を強化しなければなりません。担当者からの提案などに対する健全なフィードバックやアドバイスなど、議論をする機会を積極的につくりましょう。担当や役割を明確にすることは必要ですが、個人に依存しすぎてしまうと視野が狭くなり、競争優位を実現する上での気づきがなくなってしまいます。自分の担当業務だけでなく、お互いの業務にも関心を持ち、高め合うことで新しい発想が生まれます。組織としてのパフォーマンスを高めていけるよう、「葛藤や衝突を恐れずに議論し合う」という雰囲気を従業員全員でつくっていきたいものです。

⑧報告・連絡・相談

事業計画の早期達成には、パワーのある新しい仮説へのチャレンジが求められます。そのためには、現状の裁量の範囲を超えて、組織パフォーマンスを最大化させる必要があります。そこで不可欠になるのが報告・連絡・相談(報連相＝ほうれんそう)です。各メンバーの持つ情報を組織の上下横間で共有し、生産性を高めましょう。報連相の浸透は、難度の高い仕事に取り組んでいるかどうかのバロメーターでもあります。

■躍進企業の共通項「CCBSKKS」

ベルーナと似たような業種で躍進企業があります。ZOZO（ゾゾ）、ジャパネットたかた、DoCLASSE（ドゥクラッセ）、ランクアップなどですが、これらの企業には成長を推進している共通点があります。いずれも、顧客の利便性を追求し、顧客のニーズを取り入れて商品づくりに活かしています。

成長のイメージづくりにも共通点があります。大きな目標を立てて達成すべく貪欲に、また時代の変化に対応しチェンジもしています。

アメリカのサクセスストーリーなども参考にして、こうした共通点をまとめたものが「CCBSKKS」です。それぞれについて説明しましょう。

①C＝チェンジ（変化）

仕事はいつまでも同じことをしているとマンネリ化します。絶えずフレッシュな気持ちで取り組むことが大事ですし、出口（成果）をつくるためにもチェンジが必要です。会社の雰囲気を時代の変化に対応した形に変えることも必要でしょう。

環境の変化に対応し、チェンジを意識しましょう。私たちの主力事業の総合通販でいえば、商品、ビジュアル、ベンダーなどの新鮮さを保つための変化が必要です。

②C＝チャレンジ（挑戦）

冒険の中には大きな可能性が秘められています。可能性にチャレンジすることが企業にもビジネスマンにも必要です。発想力、想像力を駆使して、〝健全なる冒険〟に挑戦しましょう。

③B＝ブラッシュアップ（磨き）

考え方、スキル、商品、組織体制、各種土壌づくりなどブラッシュアップは必要です。磨き続けて成熟度を上げていきます。

④S＝スピード（高速走行）

変化の激しいこの時代においてスピードは大事です。社会や外部環境の変化のスピードに対応しなければなりません。

仕事にはデッドラインを設け、スピード感を持って合格ラインのジャッジをすることも必要です。ＰＤＣＡを高速回転で回します。競争優位のポジションを得るにはスピードは必須条件です。

⑤Ｋ＝気づき

同じものや現象、状況を見ても、気づく人と気づかない人がいます。同じものが、ある人にはダイヤモンド、ある人には石ころに見えます。大物になる人はチャンスに敏感です。

徳川家の剣術指南をした柳生家の家訓に「小才は、縁に出合って縁に気づかず。中才は縁に気づいて縁を生かさず。大才は、袖すり合った縁をも生かす。」というものがあります。才能のない人間はチャンスに気づかない、中の才能の者はチャンスに気づいているが飛びつかない、大きな才能のある人間は袖が触れるほどの些細なチャンスにも気づいて逃さない、ということです。気づきの感度を上げたいものです。

⑥Ｋ＝改善

毎日の業務の中でいろいろな気づきがあります。その気づきを活かして改善に取り組むことが必要です。ローコスト、ハイクオリティ、ハイモラール、効率化、合理化を意識して改善を目指します。

⑦K＝客指向・客密着

成果を上げるには、メインターゲットやサブターゲットの顧客の思考をよく知ることが必要です。そのためにはお客様と直に触れ合うことが大切になります。データを見るだけでなく、顧客と直接話すように心がけたいものです。

⑧S＝SAクラス企業事例研究

事例研究をするときは、マクロとミクロ両面での実態を知り、競争優位の本質的な要因を知ることが大切です。ただ表面的に見ても、本質は見えてきません。

事例研究で失敗するのは、A社、B社、C社と複数の会社を研究し、それぞれの〝いいとこ取り〟をしようとするケースです。複数社を研究してもいいですが、実践するときは1社に絞って行うことが大切です。

■メンバーの成熟度にフィットした部門経営

企業の各部門では、構成メンバーの能力に関係なく、最高のパフォーマンスを発揮しなければいけません。ここが部門の責任者の腕の見せどころになります。

メンバーには新人、中堅、ベテランがいます。能力別に区分けすれば、初級、中級、上級、師範代、全日本クラスとでもなるでしょうか。

仮にその部門が新人の初級メンバーだけで構成されていたとしても、結果を求められます。初級者、新人の多い部門であればトップダウンで仕事を進めていきますし、メンバーがベテラン揃いであれば、方針だけを示して仕事は任せるボトムアップの組織体制が良いでしょう。中堅クラスのメンバーが多ければ、そのミドルパワーをどう発揮させるかという問題になります。

このように、部門においてはメンバーの成熟度にフィットした運営が必要になります。もちろん、部門に新人からベテランまで揃っていればそれに越したことはありません。しかし、そのような理想的な組織体制になっていなくても、求められる結果は同じです。したがって、ケース・バイ・ケースで対応しなければなりません。他社との競争優位に導くためには、責任者がメンバーの能力や持ち味を把握し、人材のパワーを発揮させる必要があります。

メンバーの成熟度を判断するために、ベルーナでは面談を行っています。基本的には社員数人一組で行います。あらかじめ面談用紙に記入させて、その内容からテーマをピックアップして一人ずつ7~8分のプレゼンテーションをしてもらいます。さらに、個人面談も行います。事前に「このことについてどう考えるか」の質問用紙に記入しておいてもらい、個別に考え方などを聞いていきます。

私自身も社員と面談します。20代、30代と年齢別に10~20人のグループをつくって社長面談を行うこともあります。目的は主に、若い世代がどういうことを考えているかを知ることです。

メンバーに新人が多い場合は、なるべく早く一人前にする速成育成が必要になるのではないでしょうか。人材豊富で教育システムがしっかり整っている大企業ならばともかく、そうでなければメンバーの成長を悠長に待っている時間はありません。

メンバーが未熟であるか成熟しているかに関係なく、目標の達成は企業の至上命題です。ただ、その場合、初級メンバーに対しては目標のつくり方が大事になります。厳しくしすぎてはいけませんし、甘やかしてもいけません。一生懸命頑張れば初級者でもなんとか達成できるレベルの数字を設定します。無理に高い目標を掲げることは禁物です。目標が高すぎると、昨年対比など比較するのも難しくなります。

指導方法にもメリハリが必要だと思います。キャリアは浅くても能力の高いメンバーであればある程度放っておいてもいいでしょう。「任せたぞ、頼む」と言えばモラールも上がるでしょう。しかし、能力が低いメンバーの場合は細かく指示して、仕事を覚えさせなければいけません。どの程度の指導をすればいいかを見極めるのも部門責任者の大事な仕事です。

■会議やミーティングはなるべく減らす

ベルーナでは、月1回のペースで各部門の幹部を150人ほど集め、方針などの徹底を図る部門長会議を行っています。さらに、2か月に1回程度の部門ミーティングも行っています。

ただ、私自身としては会議やミーティングは最低限にとどめたいと考えています。頻繁

月に一度、部門長会議を実施、方針の浸透を図っている。各部門の幹部150人ほどが集まる

に集まって意思の確認をしなければならないようでは組織としては未熟です。会議やミーティングをやらなくてもいいような仕事の進め方を確立することが重要です。

方針や仕事の進め方がわかっていれば会議などは必要ありません。ですから、部門長などに対しては、会議などはやらない前提で、個別に方針などをしっかり話すようにしています。

ベルーナの経営方針でいうと、現在、3か年計画の最終年度ですが、すでに次の計画の叩き台もできています。ですから、部門長は「自分は今年、こうしなければならない」「この年にはこういうことをする」ということをある程度把握しています。

ここまでくれば、社長が主導して何度も会議やミーティングをする必要はあまりなくなります。

■「ガンバレーション」でモラールの合計値を上げる

仕事を楽しくするにはゲーム化が重要です。仕事をゲーム化することでプラスアルファを発揮することができます。

このゲーム感覚の実践と成果に対するフィーを兼ね備えた形で、「ガンバレーション」というインセンティブ制度を設けています。

成果を上げればメンバーは給料とは別に報奨金をもらえます。これは、ビジネスに必要な競争心を養うことにもつながります。

最初にいくつかの部門でテスト的に導入したところ、部門メンバーのモチベーションが

2014年、従業員のモチベーション向上を目指して導入した「ガンバレーション」制度。部署ごとにカラーがあり、大いに盛り上がる

上がったので導入部門を増やしてきました。

その効用は、適度な競争心を促すことと、メンバーのモラールの合計値を上げることです。モラールの合計値によってチームが勝てるかどうかが決まります。ですから、全員のモラールを上げていく必要があります。

ガンバレーション制度は、成果を上げるインセンティブになるため、エースクラスや主力メンバーのモチベーションも上がります。そのための予算をつけ、主要目標の達成という成果に対しては70~80%の原資を使います。また、遊び心を加えて、敢闘賞、努力賞、残念賞などの賞も設けています。ゴルフでいえばブービー賞のようなものです。こちらには20〜30％の原資を充てます。

こうして多くのメンバーになんらかの報奨が行きわたるような制度設計をしています。これが主食に対する香辛料のような役割も果たしています。

成果報酬のみの定番のインセンティブ制度は、一歩間違うとメンバーの不満足の要因にもなりかねません。報奨金制度には遊びの要素を2〜3割盛り込んで、全員が楽しめるようにすることが大事です。

■ベルーナを支える女性スタッフ

ベルーナの成長を支えてきたのは社員・パート社員などの女性スタッフです。正社員の男女比はほぼ半々ですが、パート社員はほとんどが女性です。

アパレルなどの商品企画や人事、営業、通販会社のフルフィルメントであるコールセンターや物流センターも女性が主役です。女性役員もいます。

主力商品はレディースのアパレルですし、私たちが扱っている商品はほとんどが女性向けです。したがって、女性目線でものを見ることが非常に大事になってきます。市場調査や定点観測といった仕事も女性のほうが向いています。女性スタッフの感覚と感性はきわめて貴重です。男女の違いをことさら強調するつもりはありませんが、一般に女性は会社の方針に真摯に取り組む、熱意が高い、細かい気配りに長けているという傾向があります。これが会社の成長に欠かせません。

かつてまだ人材が足りなかった頃は、新人の女性スタッフが入社して即レギュラーとなることも珍しくありませんでした。先輩がいないので、自分一人でやるしかないという環境でした。たとえば、カタログや折込チラシの企画など経験ゼロで、入社してすぐに自分で作らなければなりません。こうして大ヒットを飛ばした女性社員もいます。

企業の成長は女性パワーの活躍にかかっています。今後は、役員、女性管理職の登用を増やし、会社の成長につなげたいと考えています。ただし、女性で上昇志向の強い人はあまり多くはありません。ですから、「失敗しても大丈夫」というセーフティネットをうまくつくるなど気楽にチャレンジできる仕組みも欠かせません。

■採用時に重視するのは競争心と協調性

ベルーナの社員採用の視点としては、まず基礎能力を見ます。さらに、独自の適性検査を行って、競争心があるか、協調性はあるかをチェックします。

ビジネスでは負けず嫌いであることが重要です。負けると悔しいから一生懸命やる。そういう人が大きな仕事をします。

そして、チャレンジ精神のある人を採用します。面接では、「1年目から責任のある仕事を任せていくから、その覚悟がないと当社には向かない」ということも話します。

しかし、その一方で協調性も大事です。会社にフィットするかどうかということです。能力がすべてと考えてバリバリと仕事をやるタイプの人は採用しません。そういう人の多くは会社への帰属意識が希薄で、途中で退社するリスクが高いからです。

「自分が、自分が」という人よりも、「周りのために」「一緒に」と考える人を採用したいと思っています。ベルーナでは、隣に困っている人がいたら手を差し伸べられるような人を求めています。

競争心と協調性は一見相反するようですが、この二つを兼ね備えている人がビジネスで成功する確率が高いのです。

■社長塾で中堅社員を育成する

ベルーナの社員教育は前述したようにOJT、OFF-JT、自己啓発が基本になります。新入社員が入社すると、まず1週間程度の新入社員研修(OFF-JT)があります。その後、各職場での実務研修に入ります。3か所程度職場を回り、実務を経験しながらの実践的研修です。これを半年ほど続け、会社の概要を理解して、ベルーナ社員としてのマインドを醸成します。

その後、本人の適性を見ながら各職場に配属されます。その後の教育はOJTが中心で、実践を経験しながら専門スキルを磨きます。入社して2年目と3年目にも振り返りの集合研修があります。

そして中堅になると、選抜したメンバーで「社長塾」を開催します。

2012年から始めた「社長塾」は、現在第4回を実施中。約2年間、メンバーを固定して継続する

これは50~60人のメンバーでお互いに意識を高めながらの研修となります。会社の今後の展開、新規事業の開発、成長性、収益性への貢献を担う人材の育成となります。

社長塾は私の講話から始まります。ベルーナの歴史、戦略、未来像などを話して社長塾がスタートします。その後、懇親会に移り、幹部社員とメンバーの交流会があります。

メインイベントは塾生のスピーチです。約200人の幹部社員、塾生の前でスピーチを行います。塾生は高揚感と緊張感の中、一人ひとり決意表明をします。

この社長塾は約2年間、メンバーを固定して継続されます。最初の1年間は基本編、次の1年間は応用編という位置づけです。

塾では講師の話を聞き、メンバー同士で真剣かつ活発な討議を行い、その内容をグループでまとめて発表します。レポートも提出します。推薦図書の読書レポートもあります。レポートの内容は、専門のコンサルタントがチェック査定し、評価します。塾生の成績も公表します。

この社長塾をきっかけに、塾生の意識は大きく変わっていきます。将棋でいえば、歩から成金に育成すること。一皮むけた人間への成長を促すのが社長塾の狙いです。

社長塾「意識を変える20か条」

社長塾では「意識を変える20か条」をもとに教育を行います。

何かをやる場合、「きっかけ」があります。それを活かすかどうかは本人次第です。きっかけが大事だと気づいた人は、ビジネスにおける勝利者になる可能性が高くなります。

また、言葉は武器です。人間は言葉によって勇気を得たり、喜んだり、悲しんだり、苦しんだりします。言葉を意識することによって、気持ちよく仕事ができるようにもなります。困難にも立ち向かえます。

言葉はまた、結果を出すための武器にもなります。言葉を実践に活かすことが結果につながります。

「意識を変える20か条」を紹介しましょう。

1　ポジティブ思考になる

2　あの人には負けたくない

3　競争心が湧く

4　自己啓発がしたくなる

5　より会社を知る

6　シンプルの上にこだわりがある

このうち、いくつかのポイントを説明しましょう。

「7　仕事は体でやる」

頭を使わなくても体が自然に反応する状態にまで高めるという意味です。とくに、ローコスト、ハイクオリティ、ハイモラールの領域について体が反応することが大事になります。スキルが上がってくると頭を使わなくても体で自然に反応できることが多くなります。日常業務は体でこなす。新しい業務、難度の高い業務は頭も体も使います。体で反応できる領域を増やすことが、発想力、想像力、気づきにつながり、キャパシティを広げることになります。

「10　活躍する自分をイメージする」

あなたの10年後はあなたの思っているとおりになります。10年後の自分をイメージすると、それに向かって意識、無意識の領域での考え方や行動が伴っていきます。自分が活躍する5年後、10年後をイメージし、考え、行動することが未来のあなたをつくります。

「12　厳しさ、苦しさを楽しむ自分がいる」

仕事をしていると、楽しさややりがいを感じるときと、厳しさや苦しさを感じるときの両方があります。うまくいっていると楽しさややりがいを感じます。つまずいたり失敗したりすると厳しさや苦しさを感じるでしょう。

厳しさや苦しさも目標達成への一里塚です。厳しさ、苦しさを乗り越えてこそ楽しさがあります。厳しさ、苦しさが大きいほど、喜びも大きくなります。そう考えると、厳しさも苦しさも楽しめる自分を発見できるでしょう。

「13　出口(成果)をつくれる環境に身を置く」

どんなに有能な野球選手でも、打席に立たなければホームランは打てません。同じように、出口をつくるためには出口をつくれる環境に身を置かなければなりません。環境とは、自己啓発、交友関係、情報に接することなどです。自分が出口をつくれる環境にいるかどうかを考えてみてください。

「14　潜在意識の活用」

人間の意識の90%は潜在意識が左右するといわれます。この潜在意識を活用することで大きな力が発揮できます。いま答えが出ないことでも、頭に情報をインプットしておくと1日後あるいは2日後に答えが自然に出てくることは少なくありません。潜在意識の活用をする人としない人では、1年後には大きな差がついています。潜在意識は寝ている間も働きます。大いに活用しましょう。

「15　勝つポイントを考える」

1日に10万円を売り上げるタクシー運転手がいます。一方、頑張っても3万円しか稼げない人もいます。カジノに行けば、負ける人が多いですが、たまに稼ぐ人もいます。どこが違うのでしょうか？　勝つポイントを研究して活用する人か、何も考えずにやるだけの人かの差です。どうしたら成果を上げることができるかという勝つポイントを開発、発見しましょう。

「16　勝つポイントのブラッシュアップに体が反応する」

勝つポイントを開発、発見しても、必要に応じてブラッシュアップしなければなりません。その必要性を感じればさらに効率を上げる方法を見つけることができるでしょう。現状の効率を維持するだけでもブラッシュアップは必要です。自信を持って、なおかつ謙虚な気持ちでブラッシュアップに取り組みたいものです。

「17　自信と不安の循環は成長の証」

自信を持っていることでも、ときどき不安を感じることがあります。不安があるからこそ土壌づくりに励むことになります。自信だけでは大きな障害につまずくこともあるでしょう。自信を持つのは良いことですが、不安を持つことによって外部環境の変化にも対応できるようになります。自信が7～8割、不安が2～3割のバランスを持つことが次の大きな飛躍のもとになります。

「18 パワーを持て」

いくら正しいことを言っても、正しいことをしても、パワーがなければ相手の反応は十分に得られません。何かを成し遂げるためにはパワーが必要です。自分の主張を貫くためにも、パワーを駆使して事に当たることが必要です。パワーには、情報、知識、人脈、裁量権などいろいろあります。

「20 一皮むけた自分になる」

成長しているときは、1～2か月で成長を実感できることがあります。とくに、若いときは成長著しい時期があります。半年、1年経ったら、一皮むけた自分に変身する。それを自覚するために、自分自身に栄養(知識、情報、経験)をつけましょう。

■ベルーナの人材育成

ベルーナでは、これまで述べてきたような教育をとおして多くの人材が育ってきました。入社2~3年生から責任ある仕事をさせてきました。幸いにもポートフォリオ経営で多数の参謀が必要ですから、早くから参謀となってもらい、責任ある仕事を任せてきました。私の経験、体験も含め、教育には力を入れてきました。

人材の強化、育成のための社長塾も開催しました。目的は経営幹部の早期育成です。社長塾を通じての勉強会も延べ200人以上の〝卒業生〟を輩出してきました。

多くの人材がこれからのベルーナを支え、成長軌道を猛進すると信じています。これからもOJT、OFF-JT、自己啓発を含め、人材の育成に努めてまいります。

実践的な成果を生める人材の養成です。

第5章

ポートフォリオ経営と事業拡大戦略

■ポートフォリオ経営の成熟を目指す

現在、ベルーナはポートフォリオ経営により磨きをかけていくステージに入っています。繰り返しになりますが、私の考えるポートフォリオ経営というのは、事業の柱をいくつかつくり、一つひとつの柱を強く太くすることです。決して「なんでも屋」ではありません。ただし、市場の環境が悪ければ売上を無理に伸ばさないという経営を推進しています。これは、エネルギーの投資とリターンのバランスです。同じエネルギーを投入してもリターンの多い事業へ力点をかけるということです。アクセルを踏み込む時期と離す時期、ブレーキをかける時期はそれぞれの事業で異なります。そういう意味では、一般にいうポートフォリオ経営と基本的な考え方に相違はありません。

しかし、これはあくまでも経営者としての視点であり、それぞれの部門は独立しているので、各部門は自分たちの業績を上げることに常に全力投球で取り組みます。

それぞれの部門の独立性をきわめて重視しています。私は全体の方向づけを行い、中身の70~80%はそれぞれの部門長に任せています。事業計画も各部門の責任者がつくり、社長はそれをチェックするという流れです。そして、全体を統括してフォローを行うのが経営企画室という部署です。

部門長に対しては「社長のつもりで責任感を持ってやらないといけない」と常々話しています。ただ、業績を上げることはもちろん重要ですが、各部門が楽しく仕事をしているかどうかをいつも気にしています。

ポートフォリオ経営は企業の成長を図るために必要なモデルですが、別の柱をつくるとはいっても総合通販という本業とできるだけ関連のあるビジネスがふさわしいと考えています。

最初に手がけたのが健康食品の販売でした。ついでファイナンス事業、グルメ事業、化粧品事業へと広がっていきました。こうした形で新規事業を次々と立ち上げ、現在、①総合通販事業、②専門通販事業、③店舗販売事業、④プロパティ事業の主要4事業を展開しています。さらに、ファイナンス事業、ソリューション事業などでポートフォリオを形成しています。

本来、ビジネスはエリアを絞って、狭く深く掘り下げることが付加価値を生む上で大切とされてきました。逆に、間口を広げて、広く浅くビジネスを展開することはご法度とされています。

基本はそのとおりですが、現在のベルーナは業態がかなり広がっています。意図的に間口を広げたわけではありませんが、自然と広がっていきました。

それでもやはりビジネスの基本は狭く深くということですから、いま手がけているポートフォリオの柱もそれぞれを深く掘り下げて、業界の日本一企業、もしくはSAクラス企業となるように取り組んでいます。

私はこれまで、いくつかのビジネスを経験してきましたが、成長する要因は同じだと思っています。市場をよく観察し、顧客のニーズを汲み取り、他社に負けない商品力とサービスを提供すること。それが成長のポイントだと実感しています。

ポートフォリオ経営への取り組みが功を奏し、おかげさまで2018年3月期は過去最高の売上高・営業利益を更新することができました(図2参照)。

■図2　ベルーナの事業構成と各売上高

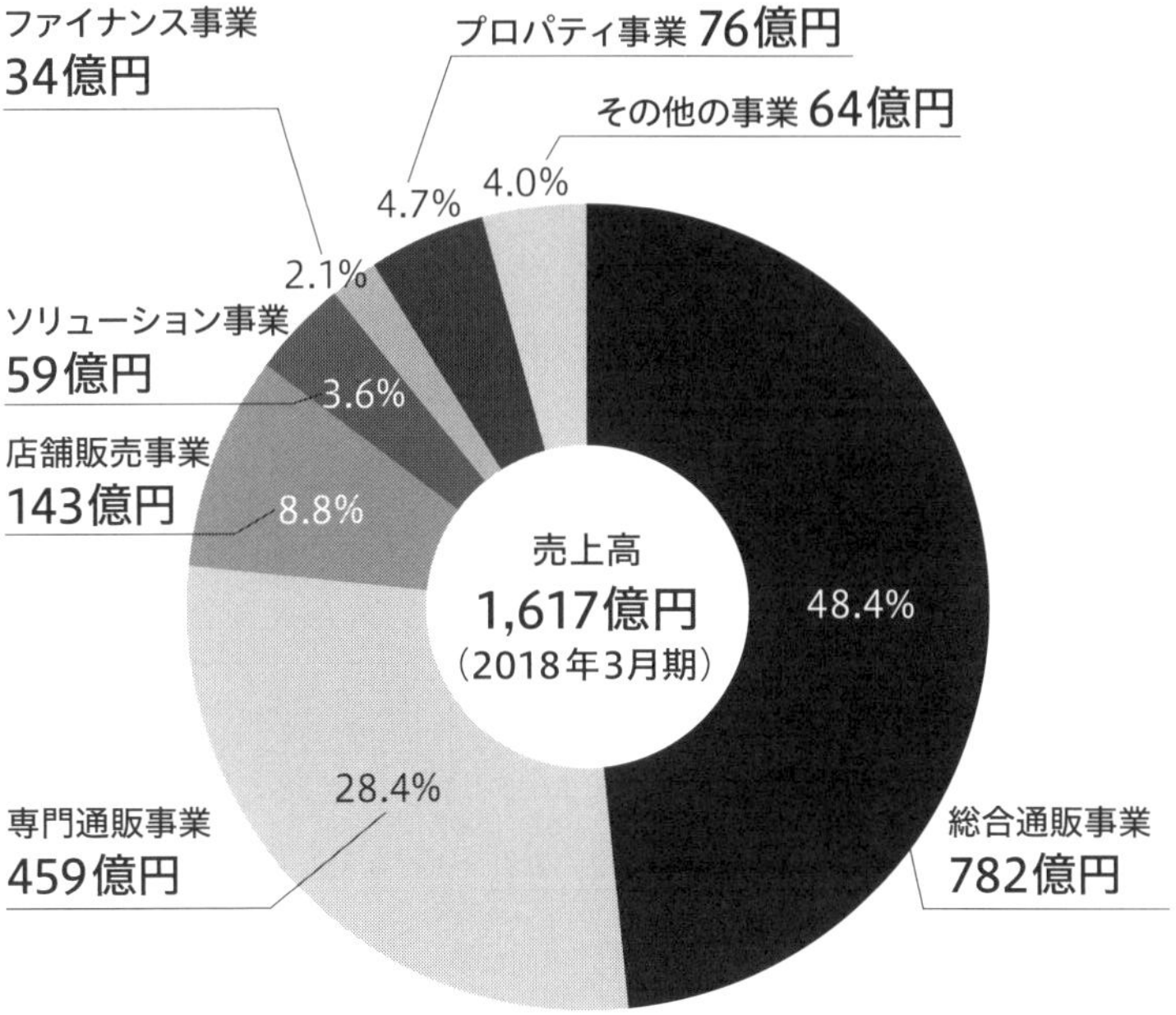

※数字は連結消去後
※1億円未満は四捨五入

■ポートフォリオ経営は社内転職を可能にする

ベルーナのポートフォリオ経営においては、いずれの事業についても共通点があります。基本は総合通販事業と同じく、データベースを活用した事業だということです。

しかし、総合通販事業のデータベースが他の事業にも使えるというわけではありません。ポートフォリオ経営において相乗効果というものは基本的にはないと考えています。

化粧品販売を例に挙げると、カタログ通販の顧客名簿で化粧品が売れることも二次的にはありますが、基本的には化粧品部門は化粧品部門独自に顧客の開拓を進めるということになります。

総合通販の顧客名簿があれば化粧品も商売になるという甘いものではありません。シナジー効果は期待せず、多少助かることもあるといった程度で満足するのが良いと思います。

ただ、比較的シナジー効果があると思われるのはファイナンス部門です。

ファイナンス部門はベルーナの総合通販のお客様にご案内を差し上げて申し込みをいただいて契約するというパターンが、売上のかなりの部分を占めています。これは例外になります。

むしろ私が、ポートフォリオ経営の効用として最も重視しているのは「社員の社内転職が可能になる」という点です。

複数の事業を展開しているために、社員は異動によって全く違った業態の仕事を経験することができます。これは一般的な企業ではなかなか難しいことでしょう。

実際に、総合通販事業の社員をプロパティ事業に異動させたり、スタッフ部門（管理部門）経験者やIT経験者がホテル関連事業に移ったりといった人材交流もごく普通に行われています。社員の2〜3割はいくつかの事業を経験しています。

これは、人材育成の上でも有用です。マクロな視点を獲得できる。いろいろなビジネスを経験させ、経営者視点での養成を心がけている面もあります。

経営者として考えれば、ベルーナのポートフォリオ経営は人材を広く活用できるというメリットがあります。人事異動をどんどんできるというのは会社のパワーです。人材の層が厚くないとできないことですから。

ベルーナの目指す「通販総合商社」というモデルを成熟させるために、これからも人材の異動を積極的に推進し、会社のパワーアップにつなげていきたいと考えています。

では、ここからはベルーナのポートフォリオ経営の柱としての各事業について紹介しましょう。

総合通販事業

ベルーナの主力事業です。総合通販事業会社というのは、文字どおり総合通販ですから、どんな商品でも取り扱うという形です。最近はカタログ通販からインターネット通販にかなり移行してきています。

主な商品はアパレル、非衣料品(バッグ、靴、ジュエリー)、家具、雑貨、インテリアなどです。

すでに述べたように、総合通販事業はネットも含めてマーケットが縮小しています。ニッセン、千趣会、ベルーナ、セシール、スクロールと大手が5~6社あり、かつては隆盛を極めていましたが、最近は元気のいい会社がほとんどなくなりました。人気だったデパートのカタログ通販も、三越、伊勢丹、松坂屋、大丸などいずれも撤退・縮小しています。

ちなみに、ベルーナの総合通販事業の売上のピークは2006年度でした(売上808億円)。その後はほぼ横ばいが続いていますが、売上が伸びないものの極端に減らしていないということは、市場占有率は上がっているということです。アパレル通販という枠組みではベルーナは現在トップシェアを保っています。2018年3月期の売上は約786億円でした。

しかし、こうした状況でもカタログの大好きな顧客は一定数残っています。私たちベルーナはカタログの好きな顧客のニーズにしっかり応えたいと考えています。自宅でお茶を飲みながらカタログを眺めて気軽に買い物ができる。これがカタログ通販の魅力です。

ネットの好きな顧客にはネットで応える。カタログ通販ファンのお客様にはカタログによる商品とサービスを提供します。

リーズナブルな価格で素敵な商品を提供する。カタログファンの顧客に喜んでもらえるような商品を届ける。この原点に戻って、これからもしっかりと総合通販事業を進めていきたいと思います。

ごく一部ですが、こうしたカタログ通販のファンのお客様の最近の声を紹介します。

・2017年10月4日　女性　50歳
いつも気持ちの良い対応をありがとうございます。ベルーナさんは他のショップより下着の種類が豊富なので嬉しいですね。

・2018年2月28日　女性　61歳
以前購入しましたが、とっても使いやすくて丈夫で本当に良い商品でした。いまも使っていますが、他の色も買っておきます。とても良い商品なので、同じ色の予備も注文したいと思います。

・2018年3月4日　女性　68歳
デザインも使い勝手も良い商品だったので、お友達へのプレゼント用にまた注文しました。

こうしたお客様からの直接の声が私たちのいちばんの喜びです。

■専門通販事業

専門通販事業というのは、その業種の専門性を深掘りし、情報の提供と共有化、啓蒙活動を通じて顧客の定着を図っていくビジネスです。

改めて考えてみると、私が最初に始めた印鑑というのも専門通販のジャンルに入ります。総合通販を扱うはるか前から専門通販を扱っていたことになります。現在も細々とですが印鑑も扱っており、1978年頃に開発した広告チラシのビジュアルを40年以上経ったいまでも当時のデザインのまま使っています。

本格的に始めた専門通販のスタートは健康食品です。そして、化粧品、グルメ、ワイン、日本酒、看護師向け商品、海外輸入雑貨と拡大してきました。

ニッチな業界ではありますが、現在、ワイン通販、日本酒通販、看護師向け通販はいずれも業界ナンバーワンの取り扱い・売上を達成しています。

専門通販の戦略はまずターゲットを明確にした商品を開発し、メディアを上手に使うことです。そして、最初は初心者でも入りやすい商品を用意し、商品の理解度を深めてファンづくりを目指していきます。いずれもまだまだ成長できる分野だと思いますので力を注いでいきたいと考えています。

①健康食品（サプリメント）事業

ポートフォリオ経営に移行して最初に手がけたのが健康食品でした。

1994年、株式会社東洋漢方研究所という会社をつくり、健康食品の販売からスタートしました。現在は健康食品ブームですが、当時は扱っている企業もあまりなく、健康食品のはしり企業でした。

商品は漢方薬を中心に取り扱いましたが、最初は売れませんでした。試行錯誤の連続でなかなか成果には結びつきませんでしたが、あることがきっかけで販売が軌道に乗りました。2004年に「もろみ黒酢」の取り扱いを始め、テレビCMで展開した結果、徐々にお客様が増えてきたのです。同時に、定期販売という仕組みができてきました。これは購入していただいたお客様に、次の月も届けるという方法です。

その後、ブルーベリー、青汁、ダイエット食品など取扱商品を増やしていきました。2

005年に発売した「ブルーベリー&ルテイン」は、異なる複数の機能性を表示した機能性表示食品として2015年に日本で初めて認可され、現在では健康食品部門の主力商品に成長しています。

健康食品部門で稼働している顧客リストは40万人ほどです。2018年3月期の売上は47億円でした。

②化粧品事業

2000年に化粧品事業をスタートさせました。

現在、「OZIO(オージオ)」と「なちゅライフ」の二つのブランドを展開しています。「オージオ」は、ライン化粧品という範疇で、洗顔クリームからローション、クリーム、美容液などの各種商品ラインナップを用意しています。2001~2005年あたりで売上が急激に伸びてヒット商品となりました。当時、韓国の人気俳優チャン・ドンゴンさんをテレビCMやカタログの表紙に起用、CMで流れた「あなたのことが好きだから」というフレーズは大変有名になりました。

最近のヒット商品で売れ筋1位となっているのが、卵殻膜エキスを配合した高濃度美容液「ビューティーオープナー」です。ネット媒体でヒットし、2017年度には前年より20％以上売上が伸びました。最近、インスタグラムで女性の注目を集めているようです。

一方の「なちゅライフ」はオールインワン化粧品で、これ一つで美白・浸透保湿のスキンケアが手軽にできるという商品です。2010年、2011年頃に一気に伸びて、ブランドのもう一方の柱となりました。

この二つを主力として、2018年3月期の売上規模は68億円に達しています。化粧品事業部門の稼働顧客リストは50万人ほどです。

化粧品は今後、東南アジア諸国などを中心に海外でも展開していきます。売上200億円規模に成長できるのではと見込んでいます。

③ワイン事業

ワイン専門カタログ『マイワインクラブ』を創刊し、ワイン専門通販を始めたのは1999年でした。フランス、ドイツ、イタリア、アルゼンチンなど世界15か国以上のバラエティ豊かなワインを多数扱っています。売れ筋は圧倒的にフランスのボルドーワインです。年間500万本を輸入していますが、その約半数はボルドー産です。

通販という特性上、試飲ができません。そこで、販売戦略としては金賞ワインやパーカーポイント（有名なワイン評論家パーカー氏による世界中で用いられている評価法）高得点ワインなどを中心に揃えたり、ソムリエや女優の名取裕子さんに選んでもらったワインを扱うなどの付加価値で高級感をアピールしています。

新しいブランドとしては、2018年からレバノンワイン「IXSIR（イクシール）」の取り扱いを開始しました。

ワイン通販の顧客層は60代が中心です。カタログは年4回発行しています。稼働顧客リストは約15万人ですが、ネットでの売上がすでに全体の半数程度を占めています。

2018年3月期の売上規模は46億円でした。ワイン専門通販部門は、国内におけるワイン通販売上シェア調査で10年連続で1位を獲得しています（2008〜2017年度実績、東京商工リサーチ調べ）。

④グルメ事業

グルメ事業は当初、札幌で商品企画を行い、北海道の農産物・海産物などを販売していました。カニ、イクラ、ホタテなどの海産物や、ジャガイモ、アスパラガス、トウモロコシなど北海道産オンリーの企画です。北海道の商品はよく売れました。

いま最も伸びているのは日本酒とおせち料理です。

日本酒の顧客の6~7割は男性です。売れ筋は大吟醸の一升瓶の5本セット9980円という商品で、これが日本酒の売上の約半分を占めています。セット販売というベルーナの強みがここでも活かされている形です。しかも、大吟醸の一升瓶1本で2000円を切る価格帯は酒販店でもあまりないので、このへんがお客様に受けているポイントになっていると思います。おせち料理は通販業界全体でもかなり盛り上がっており、ネットを中心に売上が伸びています。

グルメ事業部で、1年以内に購入した顧客稼働リストは約50万人。2018年3月期の売上は120億円となっています。

⑤ナースキャリア事業

２００７年、看護師向け通販を展開する株式会社ナースリーの全株式を取得して子会社化し、看護師向け通販に乗り出しました。

ナースリーは年商３億円の企業でしたが、ベルーナのノウハウを注入し、いまでは当時の11倍の売上33億円になっています。

さらに２０１３年には株式会社アンファミエもＭ＆Ａで子会社化しました。当時、売上50億円で業界トップでした。現在は63億円の売上となっています。

これにより、看護師対象のカタログ通販では市場をほぼ独占しており、プライスリーダーとなっています。

ナースキャリア事業部では、看護師向けにさまざまなカテゴリーを展開し、リーズナブルなプライスで高品質の商品を取り揃えるため、在庫のコントロールと顧客満足の両立を強化しています。在庫のコントロールはサイズ・色展開も含めて受注予測が難しいため、難度の高い仕事になります。かなりの数量の発注ロットも必要になります。

看護師向け通販の戦略の一つは海外生産です。中国やベトナムなどの工場と直接取引を行い、価格の安い目玉商品を開発して収益性を高めます。

看護師向け商品はトレンドの変化も踏まえ、顧客満足の提供のため高級品から中級品まで数多くの品揃えに取り組んでいます。

現在の稼働顧客リストは約80万人です。日本の就業看護師・准看護師の数は約147万人（2016年現在）ですので、稼働ベースだけでも全看護師の約半数を占めることになります。

この通販によるインフラ（データベース）を活用し、2017年からは看護師向け人材紹介サービス「ナースキャリアネクスト」もスタートさせました。事務所を上尾、東京・渋谷、大阪に置き、看護師と面談して人材紹介事業を行っています。

病院の看護師人材不足の解消と看護師の就職先サポートを行う事業として今後も力を入れていきます。

日本はいま高齢者が増えており、患者の増大と医療従事者の不足が進んでいます。このニーズに応えると同時に、ナース関連事業をポートフォリオ経営の主要な柱として位置づけて力を注いでいきます。

■再生事業

①通販会社フレンドリー

私たちの事業展開の中で、再生事業も大きな位置を占めています。

最初に手がけたのは、群馬県高崎市に本社があったフレンドリーという会社です。フレンドリーは通信販売と卸をやっていた会社です。この会社が倒産し、2002年にベルーナが営業権を譲り受けました。

フレンドリーはピーク時で380億円の売上規模がありました。再生のために、売上を縮小し、通販事業は廃止し、BtoBの卸事業に特化しました。売上高はピーク時の10分の1程度の31億円になりましたが、いまでは卸事業の優良企業となっています。

また、旧フレンドリーの社員は、卸事業として残るメンバーとベルーナに出向するメンバーの二つに分けて対応しました。優秀な社員も多く、現在、会社も社員も生き生きとしています。

②花巻南温泉峡・優香苑

2件目の再生事業は、ベルーナ関係会社にて取り組んだ岩手県・花巻南温泉峡の「山の神温泉・優香苑」という温泉旅館です。

以前は幸迎館という名前でした。バブルの頃にできた大きな温泉旅館です。格子の天井や壁面の彫刻など、ふんだんに木を使った壮大な建築物です。

しかし、毎年の赤字続きで買収の話が持ち込まれました。現地に視察に行き、「面白そうだな」と感じました。

しかし、再生には2~3年かかりました。最初は業績がなかなか回復せず戸惑いました。私たち本社のスタッフが行くと、現地の従業員の反発があり、正確な情報も入ってこないという状況でした。「ベルーナの人間には何も喋るな」という箝口令が出ていたようです。

そこで私がまず手がけたのは、ベルーナのベーシックマインドによる啓蒙活動です。月に一度、私自身が旅館スタッフとミーティングを行い、とくに成長意欲と利益意識を植え付けました。

次はベーシックアクションです。他社事例研究を行い、比較し、自分たちの長所を伸ばして弱点を修正しました。ノンバーバル・コミュニケーション（言葉によらないコミュニケーション）で接客すること、爽やかな笑顔を心がけることなどを徹底しました。

同時に徹底的なリノベーションも行いました。客室、お風呂、庭、食堂を大幅に改装し、2013年に旅館名を「優香苑」に変更してリニューアルオープンしました。

優香苑の大きな魅力の一つが庭園です。建物周囲の広大な敷地にイングリッシュガーデンが広がっています。

この庭園の設計をお願いしたのがランドスケープデザイナーの瀬島龍也さんです。瀬島さんは庭園のデザインばかりではなくホテルの設計・インテリアなども手がけ、またご自身でも軽井沢でホテル「ルゼ・ヴィラ」を経営し、リゾート開発にも関わるなど幅広く活躍されています。

ちなみに、瀬島さんの伯父にあたるのが、伊藤忠商事会長などを務めた故・瀬島龍三さんです。

瀬島さんを紹介してくれたのが曽根宏道さん（前出）でした。2010年頃でしたでしょうか。「面白そうな人がいるから」と一緒にゴルフをすることになりました。すっかり意気投合し、それ以来、公私にわたるお付き合いが始まりました。

瀬島さんに最初にお願いしたのがこの優香苑の仕事でした。私はもともと自然が好きなので庭園にはこだわりがあり、一流のクリエイターである瀬島さんに「ぜひ」とお願いしたのです。

実は、優香苑の契約の日は2011年3月10日でした。翌日、あの東日本大震災が起きるわけです。当時の記憶を瀬島さんはこう話してくれました。

「岩手ですから、震災の被害は甚大なものでした。あのとき、東北中の旅館という旅館はすべて被災者とボランティアを受け入れていました。庭造りも当然中止になるだろうと思ったのですが、安野さんは『決めたことだから可能ならばやろう』と。落ち込む被災者を勇気づけたいという思いもあり、彼らに日当を払って庭造りを手伝ってもらいました。海側からの被災者が多く、毎日嫌なことばかり考えてしまうし、体も動かさなくなってしまっていた。そんな状況だったので、一緒に庭造りをして被災者の方には非常に喜んでいただきました。最後にみんなで桜を植樹したことをよく覚えています」

現在、瀬島さんの手がけた庭園は優香苑の売り物の一つになっています。広大な敷地に数十種類の花木が植えられ、四季折々の風景が楽しめます。宮大工建築の建物、花巻温泉郷最大級の露天風呂なども人気です。買収当時は4億円だった売上高も徐々に伸び、いまでは8・7億円と超優良旅館になっています。

2015年には、優香苑は第40回「プロが選ぶ日本のホテル・旅館100選」に選ばれました。

この優香苑の経験をきっかけに、私はホテルや旅館業にも興味を持つようになりました。「ホテルはこうすればうまくいくんじゃないか」ということもなんとなくわかってきたのです。

ホテル・旅館業繁栄のポイントは、①ロケーション、②建物・設備、③ルーム、④食事、⑤接客、⑥温泉、そしてマーケティング戦略と営業です。これらをブラッシュアップし、改善し続けていけば道は開けると実感しました。

③裏磐梯レイクリゾート

3件目の再生事業は、福島県の「裏磐梯レイクリゾート」です。昔は裏磐梯猫魔ホテルという名前でした。磐梯朝日国立公園内の磐梯高原にあり、有名な五色沼なども近い好立地のホテルです。

スケールの大きなホテルで、廊下の長さが400メートル以上あります。

しかし、業績が全く上がっていませんでした。それで、やはり買収の話が持ちかけられたのです。

もともと、猫魔ホテルは旧福島交通グループによって開発が進められました。しかし、バブル崩壊で福島交通などが経営危機となり、運営会社の連鎖倒産によってホテルは閉鎖されました。その後、加森観光やリベレステ、星野リゾートなどが次々と運営に乗り出しましたが、業績は好転しませんでした。

さまざまな企業が再建を図ったものの厳しかった案件ということを知り、私のチャレンジ精神に火が点いたのかもしれません。

——このホテルをなんとかしてやろう。

しばらくは赤字でもいいと覚悟を決め、男のロマンで挑もうと決意。30億円ほどで買収しました。

2014年に買収し、翌年リニューアルオープンした「裏磐梯レイクリゾート」。磐梯朝日国立公園内にあり、大自然に囲まれた抜群のロケーション

こちらも優香苑同様、マインドの変革、大幅なリノベーションを実施。お風呂も新たに造りました。これまでにリノベに20億円ほどかかりました。

客室は324室ありましたが、そのうちの84室は稼働していませんでした。そこで、ここに「猫魔離宮」と名付けた高級棟を造りました。ここを中心になんとか収益を上げることができたらと目論んでいます。

裏磐梯レイクリゾートは現在も再建の途上にあります。ローコスト、ハイクオリティ、ハイモラールの定着を目指して取り組んでいます。幸いにも2018年3月期は4200万円の黒字に転換しました。リノベーションもほぼ完了し、収益性をより高めるべく、マーケティング・営業活動の強化を図っているところです。

このように、これまでいくつかの再生事業を手がけてきました。幸いにも再生に失敗したケースはありません。

■プロパティ事業

プロパティ事業は大きく3種類に分かれます。①賃貸収入、②不動産開発、③ホテル経営です。この三つをバランスよく進めていき、将来大きな収益の柱に育てようと考えています。

①賃貸収入

最初に始めた頃は事業というよりも、投資と考えて賃貸ビルを購入しました。利回りとしての賃貸収入が目的です。

賃貸ビル購入時に気をつけるのは①利回り、②需給、③堅牢性（テナントが抜けても入ってくるか）、④見た目です。物件を見て「面白い」と感じるかどうかの感性も大事です。論理と感性で選びます。いままで、この基準で選び失敗したことはありません。

物件の値段はタイミングによって大きく左右されます。いまでは東京都心を中心に40〜50件の物件を保有して賃貸ビジネスを行っています。

②不動産開発

開発関係では、最初にマンションを手がけました。埼玉県の浦和、東京都の王子、中野、本郷、白山、銀座などに建てました。

マンションは立地がポイントになります。分譲住宅も上尾で200戸以上建てた実績があります。人気のある立地で、建物のグレード、居住性、価格がターゲット層にマッチすれば成功します。

現在、海外でもマンション・分譲住宅などの開発事業を展開しています。アメリカ・ロサンゼルスで高級分譲住宅、集合住宅のリノベーション、スリランカ・コロンボでは42階建てのマンションなどを手がけています。

不動産開発は本業ではないので、じっくりと成否を見極めて、今後も手頃な案件があればチャレンジしたいと思っています。

③ホテル

ホテル事業は13年前から始めました。国内では、ベルーナ関係会社にて渋谷、赤坂、新宿、恵比寿など東京都内を中心に、東京以外では京都にて経営しています。インバウンドの流れに乗り、これら都心のホテルは順調な稼働を維持しています。

また現在、大阪、札幌で新規開発のプロジェクトを進めています。

ホテル事業の中で、いま最も注力しているものの一つがベルーナにて展開するリゾート系ホテルです。現在、複数の案件に取り組んでいます。

まず、沖縄の「ホテル浜比嘉島リゾート」はリノベーションに取り組んでいます。結婚式ができるようにバンケット、教会、客室を整備し、収益性を高められるような取り組みを図っています。また、「ルグラン旧軽井沢ホテル」に続き、2018年7月に「ルグラン軽井沢ホテル&リゾート」をオープンさせました。

海外では、スリランカの世界遺産の街・ゴールにスリランカ政府との協力により建設が進められたラグジュアリーホテル「ル・グラン・ゴール」がオープン、さらにコロンボでも300室の四つ星ホテルを建築中で、2020年5月にオープンを予定しています。

モルディブでもリゾートホテルを建設しました。このモルディブのホテルは無人島に建てたのです。電気や水を供給するところから始め、ピーク時には700人の作業員を雇い

2018年、スリランカに「ル・グラン・ゴール」がグランドオープン。ベルーナグループ初の海外ホテルは、世界遺産の見える好立地

2018年10月にオープンしたばかりのモルディブの「ウェスティン・モルディブ・ミリアンドゥーリゾート」。同国内で日本人が開業したホテル第1号となった（©Peia Associati）

ました。海の上に桟橋やヴィラを造り、幻想的な空間づくりに取り組みました。

イタリア人デザイナーやスリランカのゼネコンも、ベルーナのスタッフがマネジメントしました。苦労もありましたが、イタリア人のデザイナーが異次元でお洒落な空間をつくり、ほぼイメージどおりのホテルが完成。費用は60億円ほどかかりました。2018年10月にグランドオープン。運営はウェスティンが行いますが、業績が楽しみです。

■「ルグラン軽井沢ホテル&リゾート」をめぐる冒険

リゾート系ホテル事業の中から、「ルグラン軽井沢ホテル&リゾート」の建設などをめぐるエピソードを紹介しましょう。このホテルはまさに冒険でしたが、ぜひやってみたいと思ったのです。やはり「面白そう」からスタートした事業です。

ただ、リゾートホテルはやってみないと結果はわかりません。都市型ホテルはある程度稼働率が読めますが、リゾートホテルは季節による変動が大きいからです。

ルグラン軽井沢ホテル&リゾートは、前述の瀬島さんと二人三脚で建設を進めました。

実は、そこはもともとただの「山」でした。背丈以上の笹が生えていて、歩けるような状態ではなかった。とにかく、開発が大変でした。

瀬島さんもこのときのことをよく覚えているそうです。こんなふうに語ってくれました。

「安野さんと一緒に土地を見に行きました。1メートル先も見えないほどの荒れ地で、ナタで笹を切りながら歩きました。いま考えると、あれがいちばんの思い出かもしれません。ルグラン軽井沢ホテル&リゾートは『本館』と『山の上スイート』に分かれているのですが、スイートはまさに山の上。山の尾根というか崖のてっぺんに建っているのです。常識的に考えれば、建築物など造れる場所ではないわけです。しかし、安野さんは『ここは面白い。なんとかならないか』と言う。最初は冗談を言っているのかと思いました」

「こんなこともありました。そのホテルの構想中に、安野さんが『ここに温泉は掘れないか?』と言うのです。無茶なことを、と思いました。というのは、軽井沢では温泉は掘れないというのが定説になっていたからです。実際、保健所に問い合わせるとダメだという返答でした。ところが、安野さんは『それはおかしい』と諦めません。それで、保健所に出向いて『ここに掘りたい』と具体的な場所を指定して聞いたところ、なんとそこはピンポイントで温泉を掘ってもよい場所だったのです。もちろん偶然だったのですが、保健所の人は前もって調べてその土地を入手したのだと勘違いしたようです。安野さんにはそういう運がある。そして、最後まで諦めない粘り強さが思ったとおりの結果を引き寄せるのではないかと思います。実際、このホテルにはかなりの思い入れがあったようですね」

いま思い返すと、ルグラン軽井沢ホテル&リゾートの建設には紆余曲折がありましたが、最初の構想から7年ほどかかって無事、グランドオープンにこぎつけることができました。壮大な自然と建物と庭の織り成す夢の空間がポイントになります。庭造りは瀬島さんのいちばん得意とするところです。状況を見ながら追加の投資をし、夢のある空間をブラッシュアップする予定です。

■海外での開発の難しさ

近年とくに力を入れているのは海外への展開です。一部前述しましたが、モルディブ、クアラルンプール（マレーシア）、コロンボ（スリランカ）、ヤンゴン（ミャンマー）などで不動産やホテルを手がけています。

海外での不動産開発・ホテル事業は難しい面が多々あります。①許認可、②商業ベースの判断、③為替、④ガバナンス、などです。

いちばん大変なのが「許認可」です。とくに東南アジアなどは、裁量権がどこにあるのかが曖昧でいい加減です。どこを通せばスムーズに話が進むかがわからない。代議士が役人を兼ねていたりします。

「商業ベースの判断」というのは、採算が合うかどうかの見通しが立たないということです。たとえばロサンゼルスの分譲住宅はすんなり売れるかと見込んだのですが、思ったようなスピード感が伴っていません。資本の投入なども慎重にやらなければならないと感じています。

「為替」はレートの変動に伴うリスクです。円とドルの関係もありますが、開発を進めている国の通貨の下落によって損失を被る危険性があります。最近でいうとトルコ通貨危機がありましたが、とくに新興国は為替が安定していないのでリスクが高いのです。

「ガバナンス」は、国によっては賄賂が横行しています。そういう国ではアンダーテーブルを要求される可能性がありますし、変な人脈を使って問題になる可能性もあります。ただ、こうした難しい面はあっても、日本のマーケットの将来を考えると、海外に活路を見出すというのはやはり必要です。いずれにしても、投入するエネルギーとリターンの関係で状況を見極めることが大切になります。

店舗販売事業

2012年、リアル店舗での販売を本格的に始めました。

顧客のニーズを把握するには、通販だけでは限界を感じたからです。通販は顧客と直接触れ合う機会が少なく、コールセンターやデータで見るか、お客様からのメールなどで判断することになります。しかし、それだけではニーズを把握することはできません。

また、現在は流行の変化が激しく、通販ではスピードについていけないこともあります。商品企画からカタログ作りまでにはかなりの期間を必要とするので、カタログができた頃にはトレンドとずれていることもあります。顧客の中には、商品を直に見ないと満足できないという方もいます。

そういう事情から、レディース店舗の出店をスタートしたわけです。すでに5～6年になりますが、MD（マーチャンダイザー）が店員として顧客と会話したり、雰囲気を感じることで正確なニーズが把握でき、商品企画に役立つと感じています。

現在はショッピングセンターを中心にレディース系のアパレル店舗展開を増やしています。ベルーナファンが大勢いることにも感激しました。

レディース系のアパレル店舗は全国に65店舗を展開しています。3～4年で200店舗に増やしたいと考えています。現在は80～90坪の店舗がほとんどですが、今後は200坪、300坪の大型店にもチャレンジしていきたいと思います。また出店もいまはショッピングセンターが中心ですが、商店街や駅ビルへの展開も狙っています。店舗顧客から通販顧客への流れも出てきました。

実は、ベルーナが最初に店舗販売に乗り出したのは和装店舗「バンカンわものや」でした。2006年のことです。これも3～4年で200店舗にする予定です。さらに、「さが美」「東京ますいわ屋」がM＆Aによりベルーナグループに加わりました。合わせると売上

「BELLUNA」1号店は、茨城県の守谷店。リアル店舗はここから始まり、現在は65店舗にまで増えた（2018年10月時点）

は260億円ほどになり、和装業界では日本一の売上規模になります。呉服関係では圧倒的な業界ナンバーワンを目指したいと考えています。

今後、着物文化の振興と和装マーケットの拡大、関連業種の活性化に努めていくことを考えています。着物文化が浸透していかないと、マーケットも広がりません。たとえば、月に1回、全社員が着物で出勤するといった日を定めるといった試みも、着物文化の振興に役立つのではないかと考え、検討しているところです。

さらに、ナース系の店舗も現在8店舗ほど展開しています。これも増やして20〜30店舗にする予定です。ユニフォームやシューズなど看護師関連用品の拡充を図り、店舗も利用できる利便性を提供していきます。

レディース店舗販売の既存店の営業利益は12%です。しかし、本部経費が3億〜5億円ほどかかります。この本部経費の負担削減を考えると、店舗販売で収益を上げるには新規店舗をどんどん出店していく必要があります。もちろん、新店舗をつくるとお金がかかりますから、分母を大きくして分子を小さくしていかなければなりません。

いずれにしても、カタログが好きなお客様はカタログ通販で、ネットが好きなお客様にはネットで注文してもらう、そして店舗が好きなお客様は店舗に足を運んでいただく。また、カタログと店舗を併用するお客様も半分程度いらっしゃいます。選択肢を増やすことで、お客様の要望に広く応えていきたいと思います。

将来的な構想としては、カタログ通販とネット、店舗という三つの相互のシナジー効果を創出したいと考えています。

■ファイナンス事業

ベルーナのルーツは頒布会です。それを変形させて商品一括先渡し割賦販売という方法を開発しました。その延長線上にあるのがファイナンス事業です。

ファイナンス事業への取り組みは比較的早く、個人向け金融事業が1987年、法人向け金融事業は2002年にスタートしています。

私たちが始めた頃は各通販会社がファイナンスを手がけていました。

ファイナンス事業ではお客様の7割が総合通販の顧客です。ベルーナ会員の中からお客様を募っています。

通販の商品やDMを送るときに案内のチラシを同梱して申し込んでもらうという方法です。「ベルーナがやっているファイナンスだから安心して借りられます」とお客様から好評です。

ファイナンス事業は過払い金返還の問題もあり一時混乱もしましたが、最近は落ち着いてきました。

現在、利用者は7万人ほどいます。ファイナンス事業はポートフォリオ経営の一環として位置づけており、顧客サービスとしての役割と収益への貢献を兼ね備えた事業となっています。いま実験的に、ネットでの集客にも取り組んでいますし、海外での展開にも可能性を感じています。

■ソリューション事業

これはベルーナのインフラを活用しての事業で、3種類に分けられます。いずれも手数料で収益を上げるという形です。

一つは、ベルーナダイレクトと称し、DMやカタログ、商品を発送する際に、他社のチラシやサンプルなどの広告宣伝物を同梱・同送する「封入・同送サービス」です。ベルーナの顧客はもともと通販の好きな方が多いので、商品がフィットすると高い反応があります。

利用するクライアントは、主に理美容品、化粧品、雑貨、旅行、エステ、教育、食品を扱っている会社です、クライアントの中には、ベルーナダイレクトのみで新規開拓を行う会社もあります。

クライアント企業の成長は大きな喜びの一つです。

総合通販が伸びれば、同梱・同送などのソリューション事業も伸びるという構造的な関係があります。

ソリューション事業の二つめは物流業務を請け負うサービスです。物流センター等を持たない通販会社などのクライアントの商品を預かってピッキング、梱包して発送までするという受託業務です。

クライアントのニーズに応えるべく、ローコスト、ハイクオリティのオペレーションシステムを開発しています。物流受託先のクライアントは約30社あります。

三つめは主に通販会社からの受注業務(コールセンター)です。インバウンド(お客様からの電話を受ける業務)が中心ですが、アウトバウンド(コールセンターから電話をかける業務)もこなします。

通販会社にとってお客様との接点は主にコールセンターです。同業他社のコールセンター以上にパフォーマンスを上げるように努力しています。このコールセンター業務については、自社のコールセンター以上に細かく対応しています。

ソリューションは成長性よりも収益性を重視して取り組んでいます。2018年3月期の営業利益は24億円でした。

■加速する海外展開「ミニベルーナ」

いままでも海外でビジネスを展開してきました。韓国でのファイナンス事業、香港・シカゴ発で日本向けのサプリメント事業、中国でのワイン卸事業にチャレンジし小さな成功はしましたが、大きな成果は生まれませんでした。

日本は少子高齢化でマーケットが縮小しており、ますますその傾向は強まるでしょう。私たちのビジネスの成長は国内だけでは限界があります。そこで可能性を海外に見出し、マーケットを広く求めることが可能かを検討しました。その結果、これまでの海外戦略とは違った切り口で進出することにしました。それがミニベルーナ構想です。ベルーナの得意とする事業で海外でも通用しそうなビジネスは、プロパティ事業、総合通販事業、化粧品事業、健康食品事業、ナース系事業、グルメ事業、ファイナンス事業、外食事業があります。

ミニベルーナ構想第一弾として、台湾で化粧品事業を展開しています。これにナース系事業、健康食品事業を加える予定です。中国のマーケットの大きさも魅力で、越境ビジネス（国境を越えて通信販売を行うオンラインショップ）も含めてチャレンジします。

第二弾として、前述のように、世界遺産があるスリランカのゴールでホテル（ル・グラン・ゴール）を展開しています。2020年5月にはコロンボで300室のホテルをオープンする予定です。これをきっかけに化粧品事業、健康食品事業、外食事業、ファイナンス事業を計画しています。現在、第三弾としてロサンゼルスでプロパティ事業を行っていますが、外食事業を加えたいと思います。

このように、少しずつ海外に拠点を広げていき、ベルーナのビジネスモデルのうち現地にフィットした事業を展開していきます。これを「ミニベルーナの展開」と表現して、海外進出を進めていく予定です。

将来的にはアジアをはじめ、ヨーロッパ、東ヨーロッパ、アメリカ、南アメリカ、アフリカなど世界中に年間2〜3か所の海外拠点を設け、売上の拡大とグローバル化を進めていきます。越境で進出するか、現地に拠点を設けるかはケース・バイ・ケースで考えます。現地で新しいビジネスを開発し、日本に逆輸入することも可能ではないでしょうか。

また、現地で採用した社員に他の国で活躍してもらうというのも今風の人材交流だと思います。たとえば、スリランカで雇ったシェフがロサンゼルスの新規店舗に異動するというケースもあるでしょう。

日本を介さず、3国間での情報の共有化とビジネスの交流を図れるような企業を目指していきたいと思います。

第6章

趣味に生き、
趣味を商売に活かす

■女子プロゴルフトーナメント開催

ベルーナグループでは2001年から8年間ほど、女子プロゴルフトーナメント「ベルーナ・レディースカップ・ゴルフトーナメント」を開催していました。

きっかけは、共立印刷のゴルフコンペで元コンビニ大手エーエム・ピーエム・ジャパン社長の秋沢志篤さん、歌手の布施明さんと同組になったことです。秋沢さんはスポーツ好きで、かつて日本のプロ野球に大リーガーのサミー・ソーサを呼んだ人です。

その際、「女子プロゴルフトーナメントを開催しよう」という話になったのです。私は夢を感じました。早速、日本女子プロゴルフ協会事務所へ行き、当時会長だった樋口久子さんにお願いしました。

樋口さんからは「最低3年はやってほしい」と言われ、異存はなかったので開催することになりました。夢と楽しさの実現です。第1回の開催地は埼玉県の美里ロイヤルゴルフクラブに決まりました。

女子プロゴルフ大会の開催は、大会代理店の選定、コースの手配、協賛企業の募集、プロアマ大会の出場メンバーの選定、大会ボランティアの手配などかなりの準備が必要です。楽しみながら準備を進めました。

プロアマ大会前日の練習で、偶然ですが上田友子プロの練習を見ていたところ、後日彼女から「練習を見てくれてありがとう。嬉しかったです」と手紙が来ました。練習を見ていただけで手紙をもらって感激しました。

プロアマ大会にはゲストとして、俳優の小林旭さんや石原軍団の舘ひろしさん、神田正輝さん、歌手・タレントの長沢純さんなど芸能人も多数参加しました。

プロアマ大会のあとは、華やかな雰囲気の中での懇親パーティになります。普段テレビで観ている芸能人やトッププロとゴルフやパーティを楽しんだことは素晴らしい思い出です。

女子プロゴルフトーナメントの第2回以降は、ベルーナグループ所有の群馬県・小幡郷ゴルフ倶楽部で開催しました。練習場とコースをトーナメント仕様に改造しました。大会ボランティアは社員が中心です。社員もトッププロを間近に見て、仕事とは違った経験を満喫していたようです。私も大会会長としてトーナメントの華やかな雰囲気を楽しく味わえました。

実は、この女子プロゴルフトーナメントの第1回からたくさんの有名芸能人を誘ってくれたのが、株式会社ワッキープロモーション代表取締役社長の脇田巧彦さんとタレントの長沢純さんです。脇田さんは当時、スポニチの芸能担当記者から文化社会部長、取締役を経て、スポニチテレビの社長も務めていました。2000年頃にたまたまご縁があって知り合いました。彼は、ちょうど仕事の足場を埼玉にシフトしようとしていた頃でした。

それで女子プロゴルフトーナメントを一緒に立ち上げ、運営してもらうことになったのです。

脇田さんは当時のことをこう振り返ります。

「芸能界でゴルフ好きといえば小林旭さんですが、安野さんは小林旭さんのファンで、私はたまたま仲が良かったので彼に話したところ『喜んで協力するよ』ということになりました。さらに、石原裕次郎さんの番記者を務め昵懇だったこともあり、石原軍団の舘ひろしさん、神田正輝さんの協力を得ることもできました。

このゴルフ大会が安野さんとの出会いだったわけですが、彼は芸能文化やスポーツにとても理解のある人でした。話してみてわかったのですが、彼はもともと映画や芸能が大好きだったのです。そして、ミーハー的なところもあり、あるとき、『俺、映画に出たいんだ』とふと漏らしたのです」

■映画出演の夢を叶える

まさか、その映画出演の夢が現実になるとは思ってもみませんでした。

脇田さんから「映画に出ないか」という話があり、なんと出演することになったのです。最初は『実録・夜桜銀次』という東映の映画で、出演者は哀川翔さん、松方弘樹さん、石橋凌さんらです。

映画のことなど何もわからないまま台本をもらい、ストーリーを把握し、役のイメージをつかんで懸命にセリフを覚えました。

脇田さんがこのときの思い出を話してくれました。

「役柄は準主役クラスの大役でした。何事にも熱心に取り組む安野さんは、映画初出演に備えて毎週日曜日、上尾の自宅で本番さながらのリハーサルを重ねました。ベルーナの社員が休み返上で集まり、監督になりすました私のカチンコで、安野さんとアクションを繰り広げるわけです。楽しい思い出です。このリハーサルで安野さんと社員の間が太い絆で結ばれたような印象を受けました」

このときのリハーサルを撮影したビデオをあとで見て、稽古場の雰囲気やセリフのやり取りに全員が大爆笑したことを覚えています。

こうしてリハーサルを終え、ロケが始まりました。現場を見て一気に緊張が高まりました。平泉成さん、成瀬正孝さん、菅田俊さんらとテーブルを囲んでの緊迫した会議のシーンです。さすがに役者は雰囲気があるなと感じました。そして、彼らは休憩時間にも懸命にセリフのチェックをしていました。

私も、セリフのない場面でも画面には映るので、それなりの雰囲気は必要です。役に徹して映ったつもりです。セリフは思いがけずいくつかあり、中には長ゼリフもありました。声に出して何度も確認し、テストを5～6回繰り返して本番です。緊張しましたが、なんとか思ったとおりの演技ができたとホッとしました。脇田さんはひやひやしながら見ていたようです。

あとで聞いたことですが、松方弘樹さんが脇田さんにこう語ったそうです。

「安野さんは雰囲気があり、役者とは違う存在感がある。企業人トップとしての自信が醸し出す艶なんですね」と。

松方さんは気遣いの大スターでした。

この『実録・夜桜銀次』前後編を手始めに、その後も映画への出演話がありました。

2本目は、かの有名な『新仁義なき戦い 謀殺』でした。出演者は、渡辺謙さん、高橋克典さん、小林稔侍さんらという錚々たるメンバーです。

京都に1週間滞在して撮影しました。琵琶湖畔のホテルでのロケ、京都のクラブを借り切っての撮影、太秦の東映京都撮影所のスタジオでの撮影もありました。

出演者はみな、カメラに映るときも映らないときも真剣に演技をしていました。

――これが役者というものか……。

その姿に私はすさまじいプロ意識を感じました。

3本目の映画出演は高橋恵子さん、遠野凪子さん出演の『ふみ子の海』という作品でし

3本目の映画出演は『ふみ子の海』。芸者の旦那役を懸命に演じた（©C.A.L）

た。遠野さん演じる芸者の旦那という役回りで出演しました。当時の秘書二人と稽古をしたのが良い思い出です。

そして4本目は『サクラ――ブルー・アイド・サムライ』です。ハリウッド映画で、監督もスタッフもアメリカ人でした。出演は菅田俊さん、勝野洋さん、原田大二郎さんらです。幕末の映画で、ヅラをつけて刀を差しての撮影でした。

こんな形で4本の映画に出演させてもらいました。大部屋役者の凄さというものも感じました。映画づくりの現場に何回か入って、自分の知らない新しい世界に身を置くことができたのは貴重な経験です。

脇田さんは任侠映画になぞらえて、私のことをこんなふうに評してくれました。

「私はその人物を見るときに、周りにどういう人が集まっているのかを観察します。安野さんの周囲の交友関係を見ると、みな付き合いが古い。それも、街場（盛り場や飲み屋など）で知り合った人などとも気軽に仲良くなってしまうし、出会った人をとても大事にするわけです。だから、相手も〝親分〟を頼りにし、『この人のために』と忠誠を尽くそうとするのではないかと思います。企業トップに最も大切な資質の一つです」

過分な褒め言葉。恐縮の至りです。

脇田さんとも長い付き合いになります。遊び友達ですが、仕事の面でもいろいろお世話になっています。ベルーナの専門通販『マイワインクラブ』を応援していただいている女優の名取裕子さんを紹介してくれたのも脇田さんでした。

■地元・埼玉を盛り上げたい

私の地元は埼玉です。最近になって、ベルーナという会社だけでなく、地元全体を盛り上げたい、恩返しをしたいという気持ちが徐々に湧いてきました。

脇田さんが私の心境の変化をこんなふうに分析しています。

「安野さんと付き合い始めた頃、彼の目は中央を向いていました。地元・埼玉に目を配るようになったきっかけは、2010年に発足した『埼玉西武ライオンズ彩の国後援会』の理事長に就任したことではないかと見ています。この後援会は名誉会長が上田清司埼玉県知事、会長が清水勇人さいたま市長です。これで埼玉の政財界がまとまったわけです」

たしかに、私が地域貢献を意識するようになったのはこの頃かもしれません。

2014年には、さいたま市主催「2014ツール・ド・フランスさいたまクリテリウム」に協賛、埼玉西武ライオンズ球団にもヘルメット広告などを出稿するなど、地元のスポーツ会へのメセナ活動を積極的に行うようになりました。

また、埼玉・浦和にある創立130年の株式会社もりくまの4代目・山岸平二さんが主催する「味浪漫の旅」という異業種交流会があります。私は脇田さんから頼まれて、「楽しく仕事をし、みんなで楽しむ」をモットーにこの会の応援団長を務めています。

「味浪漫の旅」は年3回、ホテルでパーティを開いていますが、毎回300人以上を集客する楽しい会になっています。

「この会は普通の異業種交流会とはひと味違う」と脇田さん。「県知事やさいたま市長をはじめ多くの国会議員や県・市議会議員、経済人、各スポーツ団体、芸能人、マスコミも顔を揃える県下一の交流会になっています。この会は地元の議員を応援したり、経済界の活性化をサポートするなど埼玉県全体を応援しています」

仕事もゴルフも真剣に

改めて言うまでもなく、私のいちばんの趣味はゴルフです。

緑の絨毯のような芝生の上を歩き、ボールを打つのは気持ちの良いものです。夏は北軽井沢方面でよくゴルフをやります。景色も最高で、浅間山、白根山、万座の山々が絶景です。

30年前から北軽井沢・浅間湯本に別荘を保有しており、別荘ライフも楽しんでいます。夏休みには仲間を集めて、美味しい高原野菜を食べ、温泉につかり、ゴルフ、カラオケの腕を競い合います。

いままで回ったコースで最も印象深いのは、サンフランシスコのペブルビーチです。名物のショートコースでバーディを取ったのも良い思い出です。栃木県のピートダイゴルフクラブでは人生初のホールインワンも経験しました。164ヤードのショートコースで、6番アイアンのショットがホールに吸い込まれたのを見たときは我ながら驚きました。

いま、月に1回、グランベル会というゴルフの会を主催しており、メンバーと勝ったり負けたりの競争を楽しんでいます。ライバルがいるといっそう燃えるのは仕事と同じです。もちろん、ゴルフはそのものが楽しいのですが、気楽にやったり手抜きしてやってもつまらない。真剣にやらないと面白くないのです。だから、ゴルフも真剣勝負です。

そして、結果が伴えばもっと楽しい。だから、死に物狂いで一生懸命やるのです。

仕事も、大きい小さいに関係なく、同じように全力投球です。10万円の仕事でも100

人生初のホールインワンは1996年12月、栃木県のゴルフ場で。記念にテレホンカードを作成

億円の仕事でも同じように一生懸命にやる。そこから楽しさが生まれてきます。

ゴルフも仲間と競い合ってこそ楽しさが倍加します。健康のゴルフ、趣味のゴルフだけでは物足りないのはまだまだ元気な証拠でしょうか。最近は年間70～80ラウンドをこなしています。

本書で紹介した杉中さん、曾根さん、根本さん、瀬島さん、脇田さんはいずれも良きゴルフ仲間でもあります。仕事よりも趣味での付き合いのほうがはるかに多い。みな同じくらいのハンディなので、お互いに勝ったり負けたりを繰り返しています。

私の尋常ならざるゴルフ熱については、根本さんと杉中さんがこう証言してくれました。
「安野さんが会長を務める日本アイスランド協会が2017年に現地を訪問した際、私も同行させてもらいました。その際、危険極まりないゴルフをしました。向こうは白夜で、太陽が沈むのは夜の9時頃です。スタートしたときは薄暮でしたが、ハーフを回る頃にはあたりは真っ暗。ボールがどこへ飛んだかもわからない状態です。それでもゴルフを続けた。向こうの人は『日本人は頭がおかしいのでは』と思ったかもしれません」（根本さん）
「私もアイスランドに同行して一緒にゴルフをやりました。驚きました。なんと、安野さんは足を骨折していたのです。それでもラウンドした。そのとき思いました。彼には言い訳は通用しないな、と。それに、安野さんは『この日はゴルフをやる』と決めたら、雨が降ろうと槍が降ろうと絶対に決行します。関東で大雪の積もった年がありました。ゴルフ場はどこもクローズに決まっています。ところが、安野さんは諦めない。近郊の全部のゴルフ場に当たったものの、やはりどこも閉まっており、やむなく中止になったということがありました」（杉中さん）
ゴルフをしていると、よく仕事のことが頭に浮かびます。ゴルフをしながらの気づき、発想も仕事に役立ちます。ゴルフをしながら仕事の話をするのも、オフィスとはまた違った雰囲気で、お互いに親近感が湧きビジネスがスムーズに進むこともあります。

私にとって、仕事とゴルフは切っても切れない関係にあります。

■クルーザーで仲間と楽しむ

以前、ある企業の会長を務めている知人に何度か船に乗せてもらいました。沖合にアンカーを打って海に飛び込んだり、ジェットスキーやボートに乗ったりして楽しみます。熱海の花火大会ですぐ近くで花火が打ち上がる様を船上から見たり、会長の三宅島の別荘でのクルーザーライフも楽しみました。

こうした体験がきっかけで私も船を購入することにしました。イタリアのヨットブランド・アジムット社の全長60フィート（約18メートル）の船です。定員は東京湾では28人、外洋では15人です。イタリアの船はお洒落で、船内パーティも楽しめます。

船を購入する前に、一級小型船舶操縦士免許を取得しました。免許を取得するには実技が1科目、学科が2科目あります。

夏は、葉山の森戸海岸や三崎のシーボニアマリーナの沖合にアンカーを打ち、海に飛び込んでクルーザーライフを満喫しています。船上は真夏の太陽の下でも涼しく快適です。夏の海の色は深紅に輝いています。船上では仲間に手料理をふるまいます。定番料理は石焼ビビンバや天ぷらそば。クルーザーを海に浮かべ、海風を感じながらの食事や会話は格別です。

初夏と秋には東京湾クルージングを楽しんでいます。夜景を楽しみながらの船上パーティです。フジテレビ本社前から豊洲大橋の下をくぐってららぽーとへ向かうクルーズは絶景です。ニューヨークのマンハッタンを思わせます。ゆっくりと夜景を楽しみながらのクルーズ。日頃の疲れも癒やされます。

終章

日本初の通販総合商社を目指して

――「あとがき」にかえて

■通販総合商社としての未来

ベルーナは「通販総合商社」という新しいビジネスモデルを開拓し、その成熟を目指しています。

印鑑の訪問販売からスタートし、頒布会の展開、チラシを使った趣味用品や軽衣料の販売を経験し、総合通販という新たなステージで事業を拡大してきました。その後、ポートフォリオ経営を志向し、試行錯誤しながら現在に至っています。

過去を振り返ってみると、楽しかった思い出が残りますが、一つひとつ中身を検証すると厳しさの連続だったような気がします。

時代は凄いスピードで進んでいます。これからのベルーナはいままでと違った一皮二皮むけたニューベルーナを目指していきたいと思います。

収益の柱である事業をブラッシュアップし、少なくとも各事業がＳＡクラス事業、さらには日本一になるような結果を残したいと思います。幸い、人材も確実に育ってきています。

景気などの外的要因に左右されないベルーナの全天候型経営、春夏秋冬型経営に磨きをかけ、競争優位と経営計画達成を目指します。ベルーナのビジネスモデルはこれからの時代に十分対応できると思います。

通販総合商社のモデルは柔軟に事業に取り組めます。時代の変化とともに事業の成長性の濃淡は変わってきます。旬の事業を重点的に成長させることも可能だと思います。インターネットの取り組みの強化、越境ビジネス、海外展開などにも自由に柔軟に取り組めるでしょう。

私は企業の取り組み方・成長をよく車の運転にたとえます。運転には徐行運転、低速走行、法定速度、スピードオーバー、暴走運転がありますが、企業が目指すべきは「暴走運転」です。なぜか？

企業のトップマネジメントは現在の会社のポジションを見極め、徐行運転や低速運転をする状況なのか、暴走運転ができる状況なのかを的確に判断して走行速度を決める必要があります。企業にとって暴走運転ができる環境とは、他に車がいない専用道を走っている、あるいは他の車の追随を許さず先頭を走っている環境を指しますから、いくら飛ばしても安全です。そういう意味で、目指すべきは「暴走運転」なのです。

■ステークホルダーの満足を目指す

企業が目指すのはステークホルダーの満足です。

まずは顧客満足度の向上です。鍵になるのは商品力、サービス、情報の提供です。また、事務的ではなく、心のこもった対応をしなければなりません。お客様に「ベルーナがあって良かった」と思っていただけたら最高です。

次に従業員満足度の提供を目指します。会社は従業員を雇用している以上、責任があります。生き生きと仕事をしてほしい、やりがいや楽しさを感じて仕事をしてほしいと思います。困難なことに挑戦するのもやりがいの一つです。目標にチャレンジして達成感を感じることも必要ですし、平凡な積み重ねも大事です。従業員に「ベルーナに入社して良かった」と思われる企業でありたいと思います。

会社満足度も大事です。企業の成長性、収益性を実現するためには顧客満足、従業員の意欲が欠かせません。会社満足を実現し、株価を上げて配当金を支払い、株主満足につなげたいと思います。また、業績を向上させることによって、取引先各社の活性化も実現できます。

ベルーナは、あらゆるステークホルダーの満足を目指します。

■起業家を目指す後進へ

本書の読者の皆様には起業家を目指すか、または事業の拡大を目指す方がいるのではないかと思います。そんな方に私からのメッセージを伝えたいと思います。

一つめ。毎日の生活の中でテレビを見たり、新聞を読んだり、雑誌を見たり、人との会話を通じたりしていろいろな情報に接していると思います。情報を活かせる人と活かせない人がいます。恐らく、情報を活かせる人は50人か100人に一人ぐらいではないでしょうか。同じ話を聞いてもその情報やニュースをどう感じるか、その積み重ねの差は大きいと思います。

その情報を、ある人は金やダイヤモンドに感じます。情報を活かすか、無駄にするか。時にはアンテナを張って、情報をダイヤにする感性が必要だと思います。

二つめとして、自分の目指す方向性のモデルを設定したいですね。5年後、10年後に何をしたいのかをイメージすることも大事だと思います。そのイメージに沿って、接する情報や交友関係、行動パターンを意識的に変えていくことも大事です。イメージに沿った自己啓発を、読本を含め徹底的にやってください。そのことによって自信が深まります。

三つめには行動を起こすことです。思い切ってではなく、小出しに行動を起こす。つまり、さほど資金も使わず、失敗しても大きな傷を負わない程度のアクションにチャレンジすることです。その中でPDCAを回し、その学習効果をいかに次回に活かすか、2回目のアクションに備えることが大事です。

さほど資金を使わず知恵を使って、体を使ってであれば失敗しても傷は浅いです。次回は失敗の教訓を活かすことによって、ただの失敗ではなくなります。

結果を出すためには、大切なことが四つあります。

①結果にふさわしい方針、考え方の習得を目指す。

②必要なスキルを身につける。

一つには協力しよう、可愛がってやろうと周りに感じさせるような礼節、礼儀作法を身につける。そして、愛嬌を身につける。最低限必要なテクニカルスキルを身につけることも必須です。

③燃えるような情熱、意欲を自分にも他人にも感じさせる。

④数多くの無駄も経験する。

数多くの無駄の中から成功の目を発見することもあります。失敗すればするほど楽しく感じるチャレンジ精神、価値観を持てれば、半分は成功したようなものです。何が本質なのか何が大事なのか、ミクロマクロで感じる感性を培えるかどうかも重要です。

ぜひ、〝健全なる冒険〟にチャレンジしてください。そして、一度や二度の失敗では挫折しない、失敗の経験を活かして成功への方法論を見つけることです。成功したら、成功した部分を徹底強化する。成功部分を100倍、200倍にしてください。

私の経験から言うと、「自分は他の人とは違う」といった自己暗示も必要だと思います。

■商売人としての半生を振り返って

──読者の方々は、本書を「サクセスストーリー」として読んだのだろうか……？

自分の半生を駆け足で紹介した本書の執筆を終え、ふと私の頭に浮かんだのはそんな疑問でした。

自分の商売人としての人生を振り返ってまず思うのは「失敗の連続だったな」ということです。

たしかに、成功した事業も少なくありません。しかし、その陰には幾多の苦い失敗がありました。

「面白そう！」と深く考えずに飛びつき、あえなく撤退に追い込まれた事業も少なくありません。本書に書いた以外にもそうした失敗がたくさん埋もれています。

多くの失敗の経験と多くの人たちのご厚意とサポートの上に、現在のベルーナがあるということを決して忘れてはいけない。いま改めてそう思います。

人生がそうであるように、ビジネスも思うようにはいきません。時にうまくいっても、また長く低迷する時期があります。その繰り返しです。ベルーナ語録の「1勝9敗」が示すとおりです。

ベルーナのポートフォリオ経営にも長所と短所があります。長所はビジネスの安定性、人材を活かせることなどですが、パワーが分散してしまうという短所もあります。

企業の成長を実現したのもポートフォリオ経営ですが、成長性を阻害したのもまたポートフォリオ経営です。しかし、いまはその基盤ができてきたので、これからは長所を活かすことができると感じています。

振り返って考えると、ベルーナの成長は100点満点で55点か60点というところでしょうか。ただ、仕事を「楽しんでやってきた」という満足感はあります。

私には新たな夢があります。

一つは美術館をつくりたいということです。ファッション系の絵画やアートを中心に800点ほど所有しています。候補地は北海道小樽です。

もう一つは銀座プロジェクトです。日本はナイトライフがまだまだ遅れています。そこで、銀座にエンターテインメント(ライブ、クラブ)と飲食、ホテルを同居させた複合ビルを建て、銀座の名所にしたいと考えています。

そして、もちろん本業であるポートフォリオ経営の成熟です。100点満点の85点以上を目指して、これからもベルーナの成長に取り組みます。

ここまでくることができたのも、お客様、株主様ほか関係者の方々のおかげです。また、商品の企画開発に協力いただいたベンダー各社の皆様、膨大なカタログの用紙調達・制作・印刷に協力いただいた各社の皆様、物流を担う運送会社ほか多くの取引先の皆様に支えられて成長することができました。皆々様に心から感謝を申し上げます。

ベルーナの成長過程では、会社の成長のスピードが速く、売上規模に比べて狭い事務所、キャパシティ不足のコールセンター・物流センター等、万年、インフラが追いつきませんでした。混乱の中支えてくれた社員、パート社員に心から感謝します。今後もAIの普及、少子高齢化等の外部環境の変化に対応し、ベルーナの成長性・収益性を支えてくれると信じています。

最後に、家族について語らせてください。

私は家族にも恵まれて子どもが4人います。3人がベルーナに入社しました。長男の雄一朗は証券会社を経て入社しました。経営企画室、企画本部を経て、いまは取締役専務執行役員として経営全般とマーケティング本部、看護師向けのキャリア事業部の立ち上げをしています。長女の明子はオージオ化粧品を立ち上げてまもなくから社長として化粧品事業の成長に関わってきました。化粧品事業も来期は100億円達成を目指しています。いまでは兼務でルグラン軽井沢ホテル&リゾートの総支配人もしています。

次男の洋は保険会社を経て入社しました。企画本部を経て、いまはプロパティ系の開発責任者としてロサンゼルス、クアラルンプール、シンガポール、コロンボ等海外を飛び回って活躍しています。妻の公《きみ》には、結婚当初、会社の経営危機で満足に生活費もないときから明るい笑顔で救われました。好きなように仕事をさせてもらって感謝しています。

私自身の挑戦はもちろん終わってはいません。

――まだまだ、これからだ。

いま、このように気合を入れ直しているところです。

本書をお読みいただき、本当にありがとうございました。

ベルーナという会社のこと、安野清という男のことを少しでも知っていただけたら幸いです。

本書出版にあたり取材・編集を担当してくださったダイヤモンド社浅沼氏、西東氏、嶋氏、各種サポートをしてくれた経営企画室宮下さん、今野さんほか社内スタッフに感謝申し上げます。

2018年11月

安野 清

■私の記憶を補完するために次の書籍を参考にさせていただきました。

鶴蒔靖夫著『健全なる冒険の軌道――ピンチをチャンスに変えた男』（ＩＮ通信社）

脇田巧彦著『特ダネ人脈記者50年』（埼玉新聞社）

■著者紹介

安野 清（やすの きよし）

1944（昭和19）年、埼玉県上尾市生まれ。埼玉総合職業訓練所を経て本田技研工業入社、23歳で印鑑の販売で起業。1968年、友華堂（現・株式会社ベルーナ）創業、1994（平成6）年、店頭公開。2018年3月期売上高1,616.7億円の総合通販No.1企業に育てる。2018年、モルディブに日本人で初めてホテルを開業。現在、日本アイスランド協会会長。趣味は温泉巡りとゴルフ。

健全なる冒険――勝算を見極めて果敢に挑む

2018年12月12日　第1刷発行
2024年 4 月 3 日　第2刷発行

著者	安野 清
発行所	ダイヤモンド社
	〒150-8409　東京都渋谷区神宮前6-12-17
	https://www.diamond.co.jp/
	電話03-5778-7235（編集）03-5778-7240（販売）
カバーデザイン	關根和彦（Quomodo DESIGN）
本文デザイン	Quomodo DESIGN
取材協力	嶋 康晃（エムエス・ファクトリー）
編集協力	西東桂子（西東編集室）
製作進行	ダイヤモンド・グラフィック社
印刷・製本	勇進印刷
編集担当	浅沼紀夫

ISBN 978-4-478-10630-3